农业知识产权评论

（第一辑）

Agricultural Intellectual Property Review

Volume 1

刘雪梅　主　编

陈　莉　魏展杨　副主编

法律出版社
LAW PRESS · CHINA

北京

图书在版编目(CIP)数据

农业知识产权评论. 第一辑 / 刘雪梅主编 ; 陈莉, 魏展杨副主编. -- 北京 : 法律出版社, 2024
ISBN 978-7-5197-9184-1

Ⅰ. ①农… Ⅱ. ①刘… ②陈… ③魏… Ⅲ. ①农业-知识产权-中国-评论 Ⅳ. ①D923.4

中国国家版本馆 CIP 数据核字(2024)第 105901 号

农业知识产权评论(第一辑)
NONGYE ZHISHI CHANQUAN PINGLUN
(DI-YIJI)

刘雪梅 主编
陈　莉　魏展杨 副主编

责任编辑 张红蕊
装帧设计 贾丹丹

出版发行 法律出版社
编辑统筹 法规出版分社
责任校对 李争春
责任印制 耿润瑜
经　　销 新华书店

开本 710 毫米×1000 毫米　1/16
印张 13.75　　**字数** 168 千
版本 2024 年 9 月第 1 版
印次 2024 年 9 月第 1 次印刷
印刷 北京新生代彩印制版有限公司

地址:北京市丰台区莲花池西里 7 号(100073)
网址:www.lawpress.com.cn
投稿邮箱:info@lawpress.com.cn
举报盗版邮箱:jbwq@lawpress.com.cn

销售电话:010-83938349
客服电话:010-83938350
咨询电话:010-63939796

书号:ISBN 978-7-5197-9184-1
定价:58.00 元

凡购买本社图书,如有印装错误,我社负责退换。电话:010-83938349

序

强国必先强农，农强方能国强。农业强国是社会主义现代化强国的根基。党的二十大在擘画全面建成社会主义现代化强国宏伟蓝图时，明确提出加快建设农业强国。种业是国家基础性、战略性核心产业，强农必先强种。习近平总书记多次强调要下决心把我国种业搞上去，抓紧培育具有自主知识产权的优良品种，从源头上保障国家粮食安全。他还强调，要把当家品种牢牢攥在手里，用中国种子保障中国粮食安全。2021 年 7 月，中央全面深化改革委员会审议通过《种业振兴行动方案》，2024 年是种业振兴“五年见成效”的开始之年。中央把种源安全提升到关系国家安全的战略高度，明确提出要实现种业科技自立自强、种源自主可控的目标要求。从世界范围来看，种业技术高度集成、资源高度集约、资本高度集中、人才高度聚集的特征日趋明显。谁拥有了突破性的创新品种，谁就拥有了种业竞争的主动权。要想在国际种业竞争格局中赢得主动，自主创新是关键。抓紧培育具有自主知识产权的优良品种，应当成为农业科技创新的重中之重。

当前，我国正在从知识产权引进大国向知识产权创造大国转变，知识产权工作正在从追求数量向提高质量转变，农业开始进入科技自立自强新阶段，对加强农业知识产权保护提出更高要求。实现种业振兴关键要靠科技创新，科技创新需要营造良好的环境与氛围。习近平总书记指出，保护知识产权就是保护创新。加强农业知识产权保护，是实现高水平农业科技自立自强的关键。新品种培育是一个漫长的过程，一般需要8—10年之久，投入大、风险高，且对新品种权的侵权违法现象时有发生。只有建立高水平植物新品种保护制度，才能为自主创新保驾护航，助力农业强国建设。

1997年国务院颁布《植物新品种保护条例》[1]，正式建立植物新品种保护制度。1999年我国加入国际植物新品种保护联盟（UPOV），开始受理国内外植物新品种权申请。经过20多年发展，我国植物新品种保护事业从无到有、由小到大，发展迅猛。2023年，我国植物新品种权保护年申请量再创新高，来自我国本土申请量接近全球申请总量的一半，年申请量连续7年成为UPOV联盟成员第一，成为名副其实的植物新品种保护大国。

一是法规制度不断完善。20多年来，植物新品种保护相关法律法规不断完善。特别是2015年修订《种子法》，将植物新品种保护专章列入，提升了法律位阶。此外，明确特异性（Distinctness）、一致性（Uniformity）和稳定性（Stability）的栽培鉴定试验或室内分析测试的过程，作为品种管理的法定要求和技术依据等。2021年修改《种子法》，首次建立实质性派生品种制度，鼓励和保护育种原始创新。扩大品种权人的权利范围和环节，有利于品种权人维护权利。进一步加大侵权赔偿力度，有效维护品种权人的权利。目前，农业农村部会同有关部门正在积极修订《植物新品种保护条

[1] 为便于阅读，本书中法律法规名称均使用简称。——编者注

例》及配套规章。这些法规制度彰显了我国保护知识产权、严厉打击侵权行为、优化良好营商环境、促进种业自主创新的信心与决心。

二是技术支撑体系不断健全。近年来，农业农村部科技发展中心持续完善办公自动化信息系统，实现品种权在线申请和审查。不断创新审查机制，首次在海南自贸港设立农业植物新品种审查协作中心，根据需要对特色植物实行现场审查制度。在全国建立了1个植物新品种测试中心、27个测试分中心和6个专业测试站，研制完成了300余项测试指南或技术标准以及20多个DNA分子鉴定标准，构建了包含6万多个品种分子的指纹、表型性状和图像数据库，有力地支撑了植物新品种授权和维权工作。[1]

三是社会公众意识不断提高。通过制作宣传片、编写辅导资料，广泛开展宣传培训，不断宣讲品种权基础知识和典型故事。在我国加入UPOV十周年和二十周年之际表彰了一批全国植物新品种保护先进集体和先进个人，着力营造知识产权保护的良好氛围。农业农村部自2018年起连续发布年度“农业植物新品种保护十大案例”，以案释法。最高人民法院成立知识产权法庭，修订出台相关司法解释，在北京、上海、广州、深圳和海南成立知识产权法院，加大侵权案件审理和宣传培训力度，全社会植物新品种保护意识不断提升。

四是国际合作交流不断深入。作为UPOV成员，我国认真履行国际义务。持续跟踪国际动态，不断发出我国声音。多次参加或组

〔1〕数据来源：农业农村部科技发展中心统计数据。

织召开技术工作组会议，探索开展植物新品种保护涉外培训。近年来，我国积极参加品种权国际申请平台建设，务实推动中文成为UPOV工作语言，选派人员到UPOV办公室顶岗实习，支持我国专家首次当选UPOV理事会主席。经过20多年的不懈努力，我国与UPOV及其成员的国际合作交流日益深化，国际话语权和影响力不断提升。

除植物新品种外，农业知识产权还涉及地理标志、作品、专利、商标、作品、商业秘密等客体。为帮助广大读者进一步了解农业知识产权，华南农业大学知识产权研究中心牵头组织出版的《农业知识产权评论》系列连续出版物，既有理论探讨，又有实践研究，将为读者全面了解农业知识产权保护制度及参与实践提供帮助，成为从事农业知识产权相关工作的重要参考资料。相信本系列图书能够为高质量乡村振兴背景下的知识产权从业人员、权利人和广大读者提供助益。

国际植物新品种保护联盟（UPOV）理事会主席

崔野韩

2024年3月

目　　录

地理标志权

种业知识产权

专　利　权

著　作　权

农业知识产权评论

地理标志权

广东省地理标志产业发展中地方政府角色定位研究

李　钊[*]　侯剑华[**]

摘　要： 地理标志产业是推动地方经济发展、助力乡村振兴战略的重要抓手。地方政府在推进地理标志产业高质量发展过程中应发挥重要作用。通过对广东省当前地理标志产业发展的现状及存在问题的分析，提出地方政府在地理标志产业发展中应明确联络员、育才员、信息员、监督员、质检员与宣传员六大角色定位。针对提升广东省地理标志产业发展水平的整体需求，提出“依托地理标志推动县域第一、第二、第三产业融合发展；充分开发地理标志文化信息资源，提升县域文创产业发展能力；抓好地理标志区域公用品牌建设，探索地理标志立县方案”等策略建议。

关键词： 地理标志　地方政府　地理标志产业　角色定位

一、引言

地理标志产品的属性反映了特定地理区域自然资源（气候、土

---

[*] 李钊，中山大学信息管理学院博士研究生，高级知识产权师。

[**] 侯剑华，博士，中山大学信息管理学院教授，博士生导师。

壤、当地动植物品种、传统工具等）与文化因素（传统、实用知识和技能，其中有一部分是世代相传的）之间的独特组合，将产品、人和产地联系起来。〔1〕地理标志是一种文化现象，体现了特定区域的文化血脉和生活方式，代表了一个地区、一个民族甚至一个国家的文化形象。〔2〕在当今日益推崇将文化、身份及可持续生产方式相关联的消费理念下，推动地理标志产业发展，并不仅仅是为了经济增长，更重要的是以此推动地域文化的发扬传承和环境的可持续性建设。中共中央、国务院印发的《知识产权强国建设纲要（2021—2035年）》中明确要求“推动地理标志与特色产业发展、生态文明建设、历史文化传承以及乡村振兴有机融合”〔3〕，这为地方政府把握地理标志工作方向，站在更上位的视角思考地方经济社会协调发展提供了基本依据。《地理标志保护和运用“十四五”规划》则具体指出“地理标志是重要的知识产权，是促进区域特色经济发展的有效载体，是推进乡村振兴的有力支撑，是推动外贸外交的重要领域，是保护和传承传统优秀文化的鲜活载体，也是企业参与市场竞争的重要资源”〔4〕，为全方位深度开发地理标志资源提供

〔1〕参见联合国粮食及农业组织、加强地理标志国际研究项目编：《人、产地和产品的联结：地理标志登记管理与品质提升指南》，中国农业出版社2012年版，第11页。

〔2〕参见胡晓云主编：《价值升维：中国农产品地理标志的品牌化个案研究》，浙江大学出版社2021年版，“序言”第4页；张雯主编：《地理标志产品知识问答》，中国标准出版社2011年版，第4页。

〔3〕中共中央、国务院：《知识产权强国建设纲要（2021—2035年）》，载国家知识产权局网2021年9月23日，https://www.cnipa.gov.cn/art/2021/9/23/art_2742_170305.html。

〔4〕国家知识产权局：《国家知识产权局关于印发〈地理标志保护和运用“十四五”规划〉的通知》，载中央人民政府网2021年12月31日，https://www.gov.cn/zhengce/zhengceku/2022-01/21/content_5669776.htm。

了明确指引。

2023 年 1 月 1 日，《广东省地理标志条例》开始施行，这是全国首部地理标志保护地方性法规。由该条例文本绘制词云[1]图（见图 1）可见，“县级”“产业”“管理”“使用”“支持”“加强”“组织”等几个词是重点词。条例的核心目标是为“县级以上人民政府”这一地方性行政主体发展和管理地理标志产业提供行为依据和工作准则。结合当前广东省地理标志的发展实际，绝大部分地理标志产品的地域范围仅在县级行政区划范围内，因此条例贯彻落实的核心主体多数时候就是县级人民政府。然而，当前地方政府在推动地理标志保护和运用、促进地理标志产业发展等方面仍面临诸多挑战：一是保护能力水平与营造一流营商环境的要求仍有距离；二是产品特色质量管理与监督有待强化；三是地理标志品牌价值尚未充分显现。[2] 如何突破这些挑战，为地理标志产业发展创造良好生态环境成为地方人民政府思考的重要命题。本文在对广东省地理标志产业发展现状进行分析的基础上，依据国家、广东省地理标志相关政策，探析地方政府在推动地理标志产业做大做强中的角色定位及发展策略。

---

〔1〕 词云，又称关键词云，是文本数据的视觉表示，由词汇组成类似云的彩色图形。词云中每个词的大小取决于其出现的频率，频率越高，在图中显示越大。参见朱晓峰、程琳、王一民主编：《商务数据分析导论》，机械工业出版社 2022 年版，第 134 页。

〔2〕 参见国家知识产权局：《国家知识产权局关于印发〈地理标志保护和运用“十四五”规划〉的通知》，载中央人民政府网 2021 年 12 月 31 日，https：//www. gov. cn/zhengce/zhengceku/2022-01/21/content_ 5669776. htm。

图 1　《广东省地理标志条例》词云

二、广东省地理标志产业发展现状及挑战

（一）广东省地理标志产业发展现状

近年来，广东省着力推动地理标志与特色产业发展、生态文明建设、乡村振兴有机融合，各项工作均取得了显著成效。截至 2023 年 10 月，广东省累计获批地理标志 359 项（其中，地理标志产品 162 个，地理标志商标 134 件，农产品地理标志 63 件）。计划到 2025 年，地理标志产品保护申请数量累计达到 200 个，以地理标志注册的商标累计达到 200 件。[1] 广东目前已有 10 个地理标志产品入选中欧互认互保地理标志名录，7 个地理标志产品进入国家知识产权局地理标志运用促进重点联系指导名录。凤凰单丛茶入选“中泰 3+3”地理标志互认互保名录。广东新会、广东罗定、化橘红、

〔1〕 参见广东省市场监督管理局发布的《关于印发〈广东省发展地理标志产业实施方案〉的通知》。

英德红茶入选国家地理标志产品保护示范区建设。[1]

数据显示，广东省地理标志产品“链接”着77万多户农户和养殖户、1.3万多家市场主体，惠及全省数百万农民。[2] 发展一个地理标志，带动一个产业，富裕一方百姓成为广东地理标志工作的鲜明总结。例如，2021年增城全区种植迟菜心面积达6万亩，产值达到10亿元规模。[3] 又如，获得地理标志保护后，“象窝茶”的价格由200元/公斤提升到300元/公斤，“新兴排米粉”年产量由5000多吨增长到7000多吨，价格由4500元/吨提升至5500元/吨，年产值提高到约1亿元。[4] 2023年1月，广东举办的第五届粤港澳大湾区知识产权交易博览会首次加挂“国际地理标志产品交易博览会”主题。本次会议有600多家地理标志展商参展，参展展品超过1000种，举办了国际、国内和广东3个地理标志产品专场推介会，实现地理标志产品交易金额24.48亿元。

（二）广东省地理标志产业发展面临的问题

由于当前地理标志产业整体处于起步和初创阶段，地方政府对

---

〔1〕 参见广东省市场监督管理局：《首届地理标志产品广货手信节将在广州举办》，载广东省市场监督管理局（知识产权局）网2023年6月16日，http://amr.gd.gov.cn/zwdt/mtgz/content/post_4212697.html。

〔2〕 参见王佳欣：《粤地理标志产品“链接”77万多户》，载南方网2020年5月26日，https://economy.southcn.com/node_07c7517b53/9553c9bef3.shtml。

〔3〕 参见练洪洋：《地理标志农产品需双重保护》，载中国法院网2022年8月4日，https://www.chinacourt.org/article/detail/2022/08/id/6833904.shtml。

〔4〕 参见广东省市场监督管理局：《广东各地运用地理标志发展地方经济》，载广东省市场监督管理局（知识产权局）网2020年5月21日，http://amr.gd.gov.cn/zwdt/xwfbt/content/post_2998365.html。

地理标志的认知能力、监管能力、引导能力等尚待提升，国内地理标志产业整体发展相对缓慢。广东地理标志产业在蓬勃发展的同时，亦面临一些对未来发展形成束缚和制约的问题与挑战，主要体现在以下三个方面。

1. 重申请轻应用的现象普遍存在

这一问题具体体现为在进行地理标志申请/注册时，把能否获得权利作为第一关注点，忽视申请/注册过程的有效管控，进而导致获权后无法用权的问题。此方面问题集中出现在地理标志标准制订环节：一是产品标准内的指标值设置过高，导致后期大部分市场主体无法按指标要求进行生产；二是在未考虑当代社会发展进程的前提下，盲目将遵循古法工艺的相关要求写入标准，导致“谁遵循，谁违法”的现象；三是标准要求过低或与时下生产水平明显脱节，而标准修订或新标准发布进程严重滞后，导致执行标准反而生产劣质产品的问题；四是工作不细致，因为人为失误导致正式公布的标准中关键内容出错，从而无法执行；五是盲目追求产品“特色”“差异化”，标准中设置的一些感官、理化指标难以找到具有合法资质的检测机构，从而无法获得产品检测报告。

即使地理标志申请/注册过程未出现问题，但由于当前的考核机制安排、工作重心聚焦、人才队伍建设等多种因素制约，地理标志的应用仍然是一大“短板”。实际上，地理标志对区域产业竞争力塑造、产业结构调整与可持续发展、保护文化传统等方面的影响需要通过用权这一过程来实现，仅申请并获得地理标志权是远远不够的。狭义的用权主要指符合相关规定的市场主体被核准使用地理标志专用标志（以下简称用标）。广义的用权除包括狭义的用权外，还包括在地方政府引导和支持下开展的地理标志公用品牌整体形象塑造、价值开发有序引导、持续市场推广及相关公共信息服务等方面的工作。从现实看，一些地方政府在广义的用权方面还存在工作动力不足、资源投入有限、执行流于形式、落地浮于表面的问题。

2. 区域地理标志保护环境建设效能不足

以四类现象为代表：一是潜在用标市场主体看不到、看不清、看不透用标利好或认为用标成本与收益不成比例而对用标持怀疑或排斥态度。广东用标主体集中在新会陈皮等个别产品上，地理标志有标不用的情况较普遍。数据显示，广东 112 件地理标志商标仅有 44 家用标企业。广东平均每个地理标志产品核准使用专用标志的市场主体有 5.3 家，低于全国平均水平（7.8 家），且不到福建（19.2 家）、浙江（14.4 家）、安徽（15.4）等省份的一半。二是部分地理标志已被区域外无权使用者“实质性”使用，造成区域内有权使用者的产品“增值、溢价”能力丧失或大幅衰减，地理标志功能退化，甚至有演变成通用名称的危机。三是地理标志产品质量安全监管不足给品牌形象持续树立带来不稳定性影响。个别地理标志用标主体由于经营管理能力不足，无法恒定保持产品品质，给地理标志产品质量声誉带来损害，降低了地理标志品牌的号召力。四是地理标志品牌市场秩序监管不力恶化了地理标志品牌形象。以英德红茶为例，市场上不仅存在未经授权的企业打着英德红茶的旗号经营的行为，还存在外购其他地区茶叶冒充英德红茶的现象。[1] 上述问题削弱了地理标志赋能广东特色产业发展的能力。

---

〔1〕 参见张风姬、廖侦成：《英德红茶品牌发展对策研究》，载《广东茶业》2018 年第 4 期。

3. 地方政府对区域公用品牌寻根塑魂指导和参与不到位

一些地方政府寄望于市场主体自发推动品牌塑造是跛子走路——走不好也走不快。地理标志是重要的地域文化与民族文化的载体。保护地理标志就是对它所承载的传统文化的保护，利用好地理标志就是对传统文化的最好弘扬。[1] 地方政府容易看到地理标志产品作为经济产品的价值，但也容易忽视其所蕴含的“传播区域文化形象，深化地方发展内涵”的作用，或者在此方向上有初步意识但又难以转化为清晰的工作目标和有效行动。实际上，从长远视角出发，地理标志保护的文化意义超过它的经济意义。[2] 区域公用品牌建设就是要抓好“寻根塑魂”这个基础问题。“寻根”即对地理标志产品进行文化历史的溯源化和脉络化，以求强化产品品位；“塑魂”即面对消费市场对地理标志产品文化的灵魂进行明晰化和可视化，以求品牌深入人心。在这一问题上，不少地方政府存在认知空缺和实践空白。在当前政策东风下，可以预见未来全国地理标志数量会大幅增加，届时同品类地理标志产品之间，甚至跨品类可替代产品之间的市场竞争将愈发激烈，仅依靠地理标志“一张牌”将无法在市场上取得竞争优势。为有力应对竞争，强化公用品牌寻根塑魂管理与服务能力已成为地方政府推动地理标志产业发展的当务之急和重中之重。

三、地方政府推动地理标志产业发展的角色定位

培育和发展地理标志产业，要着眼生态环境保护，立足产品特

[1] 参见张术麟：《商业标记权的法律保护》，知识产权出版社2008年版，第124页。

[2] 参见李桂玲、贾利光：《博物馆与非物质农业文化遗产保护研究》，华文出版社2015年版，第223页。

色与品质，突出文化驱动品牌建设，紧盯产业延链拓链，聚焦三产融合发展格局形成。按照“做强一产、做优二产、做活三产”的思路，推动地理标志特色产业由增量导向向高质导向转变。为了实现上述目标，地方政府要加强对地理标志工作的定位把握及自身角色界定，抓好地理标志产业蓝图设计，在自然资源开发和文化资源开发两方面同时下功夫，写好地方“特”字文章，塑造区域“金字招牌”，在融合发展、创新发展、集群发展方面探索具有广东地方特色的地理标志产业化道路，积极推动城乡区域协调发展向着更高水平和更高质量迈进。

地方政府引导和支持合规主体进行地理标志申请/注册获得权利是第一步；通过政策性权力资源的配置助推地理标志产品的区域公用品牌运营，使之成为一个兴旺的地方产业，并以此带动县域经济社会发展是第二步，也是更长远更重要的一步。在发展地理标志产业的过程中，地方政府应扮演好联络员、育才员、信息员、监督员、质检员与宣传员六大角色。

1. 联络员

地方政府要通过“看得见的手”推动建立支撑高质量发展的产业合作生态，将地理标志权利人、农户、合作社、各类企业、服务机构、园区、协会等各类主体串/并联起来，以发挥好地理标志链接第一、第二、第三产业的作用。只有持续提升地理标志在地方经济社会发展中的辐射能力与资源调配能力，让更多的社会群体与市场主体共同参与，共享发展收益，才能最大化地实现地理标志造福一方百姓的初心和使命。

2. 育才员

地方政府要优先面向国内市场，同时兼顾国际市场，提升引才育才能力，通过持续推动地理标志产业人才梯队建设，以领军、拔尖人才为“舵手”有力为产业高质量发展导航，推动产业发展所需的技术管理、商务管理、组织管理、品牌管理和产业链管理能力提升，全力塑造地理标志产业引领者、开拓者形象。

3. 信息员

面向国内、国际两个市场及线上、线下两种商业模式，地方政府应有针对性地搭建地理标志产业发展公共信息服务平台，化解市场主体日常运营共性信息不对称的瓶颈，如市场准入信息、技术性贸易壁垒信息、地理标志用标申请流程信息、支撑交易决策信息、知识产权保护与维权信息等，以提升市场主体参与市场竞争的信心和勇气，提升生存能力和市场开发能力。

4. 监督员

地方政府要积极营造有利于地理标志产业生根发芽和茁壮成长的良性生态，强化信用监管，消除恶性竞争，打击违法竞争行为，维护市场秩序，积极参与全国统一大市场建设，促进地理标志产品在更大的范围内畅顺流通，持续提升本地市场的资源配置效率，增强地理标志特色经济活力。

5. 质检员

地方政府要不断完善政府部门间的质量监管协调机制，健全产业标准化管理体系，建立地理标志产品常态化检测工作制度，切实维护地理标志产业整体社会声誉及地理标志产品美誉度。

6. 宣传员

地方政府应着力挖掘当地地理标志产品特色、亮点并形成卖点，积极推动地理标志品牌形象跃升，并将“买地标，就是买品质、买知识、买文化、买服务”的理念贯穿于地理标志品牌传播全过程，引导大众建立地理标志产品消费习惯。同时，积极利用地理标志为县域形象代言，对外推广本地文化，以“小产品、大文化”的理念迎八方之客。

四、地方政府推动地理标志产业发展的策略建议

地方政府推动地理标志产业做大做强，将地理标志打造成为地方的金字招牌，是统筹推进“五位一体”总体布局和协调推进“四个全面”战略布局，贯彻落实新发展理念的重要抓手。面对地理标志工作，地方政府应做好以下几个方面的工作：一要力促第一、第二、第三产业融合发展；二要依托文化信息资源开发，深化地方产业发展内涵，提升县域文创产业发展能力；三要抓好地理标志区域公用品牌建设，探索地理标志立县方案。

（一）依托地理标志推动县域第一、第二、第三产业融合发展

地理标志产品中农产品的比例占了大头，但地理标志工作绝不能只定位在农产品种养殖与销售这一浅层逻辑上。国内外成功经验已证实，地理标志工作是实现区域第一、第二、第三产业融合发展的有力抓手。地理标志兼具生态、经济、文化、法律、技术、健康、政治、旅游、教育等价值，[1] 地方政府应在共商、共建、共享、共赢的逻辑下综合开发地理标志资源，以此落实好百县千镇万

---

〔1〕 参见李钊等：《地理标志的信息资源管理研究逻辑解析》，载《图书情报工作》2023年第14期。

村高质量发展工程。一是要摸清家底绘蓝图。即对县域地理标志第一、第二、第三产业的现实状况与发展潜力进行全面调研，并绘制地理标志全域发展蓝图。所谓全域发展，是指通过对县域内经济社会资源尤其是地理标志资源、相关产业、生态环境、公共服务、体制机制、政策规章、文化要素等进行全方位、系统化的优化提升，实现县域资源有机整合、产业融合发展，以地理标志产业带动和促进县域经济社会协调发展的模式。二是以产业集群联动的思路推动实践。地理标志是促进县域特色经济发展的有效载体，地方政府应立足本地发展实际与资源特色，积极探索区域自然人文环境保护、地理标志产品生产加工与休闲、旅游、文化、教育、科普、养生养老等产业的深度融合路径，培育地理标志电子商务、农商直供、加工体验、中央厨房、个性定制等产业新业态，推动地理标志产业向“产品—服务”转变。三是利用数智技术强化第一、第二、第三产业高质量发展内涵。地理标志产业应积极适应当今社会已进入数智时代的发展形势，用以大数据、物联网、云计算、人工智能等为代表的数智技术解决发展问题，培育网络化、智能化、精细化的地理标志第一、第二、第三产业发展核心竞争能力。

（二）充分开发地理标志文化信息资源提升县域文创产业发展能力

商品中的文化之争已成为世界大发展、大变革、大调整时期的发展趋势。文化之争的实质是价值观之争。[1]《地理标志保护和运

〔1〕参见蒋玉莲：《商品中的文化竞争与文化传播》，载《中原文化研究》2014年第6期。

用“十四五”规划》数次出现文化传承、文化传播、文化旅游、文化创意、文化价值等表述，并在开篇强调我国地理标志资源丰富时，冠之以“中国拥有悠久的历史和深厚的文化积淀”这一重要前提。充分开发地理标志产品的文化价值，不仅事关地方特色产业走内涵式发展道路，更是支撑我国传统文化国际化交流传播的基础性工作。

文化与信息是一体两面不可分的关系，对某事物予以文化价值开发，实质是对其文化信息资源的开发[1]。地理标志中蕴含着带有鲜明地域特征的生活方式、审美观念、价值取向、历史传统、宗教情结、文化个性、情感特征、思维方式等文化信息。重视对这些文化信息资源的挖掘开发，有助于强化地理标志产品文案包装、农事景观、乡土文化、休闲旅游场所的创意设计，有助于增强地理标志产品内容的厚重感与服务体验的吸引力。

要彰显地理标志产品传承和创新中国传统文化的重要作用，做好“寻根塑魂”，应将开发文化信息资源与农业物质文化遗产、非物质文化遗产、古村落、古民居的保护结合起来，同步推动农田景观、廊道景观、村落景观、遗址景观建设改造与形象提升，推动礼仪、风俗、节庆、祭祀等民俗活动在表现形式和传播方式上创新，推动农事体验、农业研学、非遗研学、农禅艺疗、身心康养、家庭农场、田野民宿、特色小镇驿站、田园综合体、农业嘉年华等多样化的文化条件建设与体验服务创新开发，开发有文化说头、视觉看头、体验玩头的农创商品，构筑区域立体文化消费网，推动地方文

[1] 参见李钊、侯剑华、陈劲松：《我国地理标志的文化信息资源开发》，载图书馆论坛2024年第1期，http：//kns. cnki. net/kcms/detail/44. 1306. G2. 20230410. 1154. 002. html。

创产业生根发芽与繁荣发展。

（三）抓好地理标志区域公用品牌建设探索地理标志立县方案

抓好地理标志区域公用品牌建设与运营，将有力助推县域特别是农业比重高的县域经济转型升级，优化产业结构，实现高质量发展。地理标志立县就是让地理标志成为推动县域经济社会协调发展的顶梁柱和定盘星。要实现这一目标，需要通过地理标志的品牌塑造及有力推广，将县域形象以可见、可感的“产品—服务—故事”的模式传播出去，以此将县域外的资金流、商户流、客流、物流等资源吸引进来。地理标志立县内涵的实质是“生态护县、产业富县、文旅兴县、品牌强县”。生态护县作用的发挥有赖于独特且良好的自然生态环境，这是地理标志农产品品质和质量保证的前提。因此，发展地理标志产业必须做好生态保护。产业富县的作用源于地理标志促进第一、第二、第三产业融合发展的能力。文旅兴县的作用能够发挥是因为地理标志对应着具有丰富文化内涵的旅游资源，这与《“十四五”旅游业发展规划》所要求的“坚持文化和旅游融合发展”的理念高度契合，并涵盖生态旅游、文化旅游、食材旅游、乡村旅游和健康旅游等多个开发方向。此外，旅游资源开发也要求做好生态保护。品牌强县的作用能发挥依据于地理标志本身就是品牌化发展的一种制度安排，而品牌化建设已成为赋能县域高质量发展的重要抓手。建设县域城市品牌，既能统筹开发和利用城乡资源，传播地域文化特色，提升城市知名度和美誉度，吸引资金、技术、人才、数据等要素流入，深化城市发展潜力，又能助推乡村振兴，巩固脱贫攻坚成果，拓宽农民收入渠道，化解农村空心化困局，缩小地域贫富差距，营造公平的社会环境。〔1〕地理标志作为区域公用品牌，在县域品牌建设上具有先天优势，其关联的产业对象具有集群性和生态性，蕴含的文化内涵具有民族性和地域性，涉及的社会内容具有亲民性和连贯性，因此应作为县域城市品牌建设的首选依托对象。

五、结语

本文在对广东地理标志产业发展现状和问题进行调研剖析的基础上，依据地理标志相关政策解析，对地方政府在推动地理标志产业做大做强中的角色定位进行了有益讨论，并提出六大角色以及相应的策略建议，为地方政府培育和发展地理标志产业提供参考和决策依据。本文主要基于笔者对于地理标志产业发展的一线观察，相关观点和结论如何进一步落实，变成可操作的行动方案真正发挥效力，还需要依托未来更多的实证分析和实践检验。

---

〔1〕参见蒋蕙竹：《品牌建设赋能县域高质量发展》，载选调生网 2022 年 10 月 11 日，https：//www. cnxds. com/tag2893. html。

欧盟地理标志保护水平的提高及其对我国地理标志立法的启示*

宋昕哲** 张晓萍***

摘　要： 地理标志与农产品、农业发展之间存在密切联系。加强地理标志立法是当前要务。欧盟地理标志保护制度授予注册名称高水平保护。欧盟法院的新近判决再度将保护水平推至前所未有的高度。该保护水平提高趋势值得我国地理标志专门立法工作者重视。随着《中欧地理标志协定》的生效，越来越多的中国地理标志在欧盟获得了注册。掌握保护水平的变化有助于我国地理标志在欧盟市场获得更强的保护。但欧盟高水平保护也存在缺陷，可能导致不公平对待和影响消费者选择，值得我国关注。

关键词： 地理标志　保护水平　欧盟　专门立法　《中欧地理标志协定》

---

* 海南省哲学社会科学规划课题［HNSK（QN）20-02］；国家社会科学基金青年项目（21CFX080）；海南省哲学社会科学研究基地课题（JD20-1）。

** 宋昕哲，法国图卢兹大学法学博士，海南大学法学院副教授。

*** 张晓萍，海南师范大学副教授。

一、地理标志、农业与法律保护

“龙井茶”“平谷大桃”“陕西苹果”“镇江香醋”“龙口粉丝”“Champagne”“Bourgogne”“Parmigiano Reggiano”“Prosciutto di Parma”“Porto”等中外名称，其共同特征在于向消费者传递农产品的原产地以及与原产地相关的品质信息。该类名称在世界贸易组织（WTO）《与贸易相关的知识产权协定》（《TRIPs 协定》）第22条和我国《商标法》第16条中被统称为“地理标志”，即“标示某商品来源于某地区，该商品的特定质量、信誉或者其他特征，主要由该地区的自然因素或者人文因素所决定的标志”[1]。

地理标志与农产品、农业发展之间存在密切的关系。首先，地理标志不仅向消费者传递农产品原产地的信息，还传递农产品的地域特征、传统制作方法等。基于地理标志的信息传递功能，标记地理标志的农产品可以在市场上被识别从而获得消费者认可，增加消费者对其地域优势的认知和信任，从而带动地方农业的发展。其次，地理标志对农民和农村地区经济的繁荣具有重要作用。通过标记地理标志，农产品的品牌价值得到提升，市场竞争力得到增强，有助于农民获得更好的销售价格和更高的利润。农产品的地理标志也吸引着更多的游客和消费者到实地购买或参观，推动农村地区的旅游和服务业的发展，带动就业机会和收入增加。最后，地理标志还可以促进传统农业技术和非物质文化遗产的传承。许多地理标志产品拥有悠久的历史和传统制作方法。标记地理标志的产品获得了

---

〔1〕《商标法》第16条第2款。

消费者认可，农民和生产者更有动力继续采用传统的生产方式和工艺，从而保持农业文化的传承和发展。[1]

然而，也正是由于地理标志的高市场价值，其也面临被滥用的风险。部分市场主体出于自身经济利益的驱动，将并非来源于地理标志所标示地区或并不具备特定地域特征的产品，冠以地理标志之名，以此提升产品的市场价值。此类行为不仅欺骗了消费者，损害了其知情权和选择权，同时也构成对遵循地理标志规范生产者的不正当竞争。

针对市场失灵这一问题，可通过法律保护介入予以调节。首先，法律保护介入可以防止市场主体对产品进行虚假描述，误导消费者，确保消费者获取真实、准确的产品信息，增强市场透明度和公信力。其次，法律保护介入可以促进公平竞争，防止不正当竞争行为，维护市场秩序。再次，法律保护介入可以确保市场主体遵循特定的生产标准和程序，维护产品的高品质和声誉。最后，法律保护介入可以维持产品的附加值和市场竞争力，确保地理标志可以带动地方农业发展。

二、地理标志保护水平与知识产权争议

法律保护地理标志的必要性已取得共识，但保护水平却是知识产权领域最具争议的问题之一，涉及《TRIPs 协定》第 22 条和第 23 条的差别待遇。《TRIPs 协定》第 22 条采用禁止混淆原则，即如地理标志的使用可能导致消费者对产品真实原产地发生误认，则其

---

〔1〕 Xinzhe Song, *The Protection of Geographical Indications in China: The Challenges of Adopting the European Approach*,（Kluwer Law International 2022）325.

使用应予禁止。换言之，在不引起消费者误认的情形下，地理标志的使用则被允许，尤其是当真实的原产地已标注，或地理标志的使用伴随“风格”“类型”等词汇时。例如，美国生产的奶酪在不引起混淆的情况下可以使用法国地理标志“洛克福”（Roquefort），如“洛克福风格”。

相比之下，《TRIPs 协定》第 23 条为葡萄酒和烈酒提供了更高水平的保护，即使在不会造成消费者混淆或构成不公平竞争的情况下，也禁止在非地理标志所指示地区产地的产品上使用该地理标志（通常称为“绝对保护”）。例如，新西兰生产的白兰地使用法国地理标志“干邑”（Cognac）标记“干邑风格”则落入《TRIPs 协定》第 23 条的禁止范围。

以欧盟及其成员国为代表，主张将目前只适用于葡萄酒和烈酒的高水平保护（《TRIPs 协定》第 23 条）延伸覆盖所有地理标志产品。以美国为代表，强烈反对这一延伸提案。[1] 我国自 2011 年起支持将《TRIPs 协定》第 23 条高水平保护延伸到所有地理标志产品，这意味着我国在国际谈判上支持欧盟在绝对保护方面的倡议。[2]

然而，在我国国内法中，对地理标志的保护当前仍然遵循《TRIPs 协定》第 22 条与第 23 条不平衡的构造。《商标法》第 16 条仅提供禁止误认的保护，规定“商标中有商品的地理标志，而该

---

〔1〕 Xinzhe Song and Xiaoyan Wang, *Fair Use of Geographical Indications: Another Look at the Spirited Debate on the Level of Protection* (2022) 21 World Trade Review 597.

〔2〕 WTO, Draft Decision to Amend Section 3 of Part Ⅱ of the TRIPS Agreement (Communication from Albania et al.), TN/C/W/60 (19 April 2011).

商品并非来源于该标志所标示的地区，误导公众的，不予注册并禁止使用”。《集体商标、证明商标注册和管理办法》第 12 条为葡萄酒和烈性酒提供“绝对保护”，规定“使用他人作为集体商标、证明商标注册的葡萄酒、烈性酒地理标志标示并非来源于该地理标志所标示地区的葡萄酒、烈性酒，即使同时标出了商品的真正来源地，或者使用的是翻译文字，或者伴有诸如某某‘种’、某某‘型’、某某‘式’、某某‘类’等表述的”，不予注册并禁止使用。

加强地理标志领域立法是中共中央、国务院《知识产权强国建设纲要（2021—2035 年）》拟定的主要任务。而我国地理标志立法工作绕不开地理标志保护水平的议题。欧盟近年来对地理标志保护水平进一步提高的趋势值得我国地理标志立法工作者重视。首先，“深入开展地理标志立法调研论证，加强国外地理标志法律制度比较研究”是国家知识产权局《地理标志保护和运用“十四五”规划》确立的夯实地理标志保护的重要手段。其次，历史上欧盟地理标志制度，尤其是其成员国法国的制度，对包括我国在内的世界各国地理标志保护水平产生重要影响。欧盟推动地理标志保护条款被纳入《TRIPs 协定》等国际协议，后者成为各国保护的地理标志基准线。再次，欧盟专门制度因其品质保证、高保护水平的优势也成为世界各国借鉴的对象。包括我国在内的多个国家已建立专门保护地理标志的制度，如《地理标志产品保护规定》《农产品地理标志管理办法》等。最后，随着《中华人民共和国政府与欧洲联盟地理标志保护与合作协定》的生效，越来越多的我国地理标志在欧盟取得注册。掌握新保护水平有助于我国地理标志在欧盟市场获得更强的保护。

三、欧盟为地理标志提供的高水平保护

现行欧盟地理标志保护条例将地理标志分为“受保护原产地名称”（Protected Designation of Origin，PDO）和“受保护地理标志”（Protected Geographical Indication，PDI）予以保护。PDO 所标识的产品，其生产和加工环节均在地理标志所示地区，产品品质和特征与其特定地理区域的自然条件、传统制作方法以及人为因素密切相关。只有当产品完全来自特定地区，并且在该地区的所有生产阶段都符合相关标准时，才能获得 PDO 保护。[1] PGI 所标识的产品，其品质、声誉或其他特定属性与其地理区域密切相关，但并不要求所有的生产阶段都必须在该地区完成。与 PDO 不同，PGI 的定义允许一定程度的生产和加工活动在其他地区进行。[2] 纵然存在差异，PDO 和 PGI 都属于“地理标志”这一广泛概念的子集。

欧盟地理标志保护条例给予注册名称高水平的保护。欧盟地理标志保护条例由四部分组成：关于农产品和食品的 1151/2012 条例、关于葡萄酒的 1308/2013 条例、关于烈性酒的 2019/787 条例以及关于芳香型葡萄酒的 251/2014 条例。自 2022 年欧盟委员提案

---

〔1〕 See Article 5（1）of Regulation 1151/2012：For the purpose of this Regulation，“designation of origin” is a name which identifies a product：（a）originating in a specific place，region or，in exceptional cases，a country；（b）whose quality or characteristics are essentially or exclusively due to a particular geographical environment with its inherent natural and human factors；and（c）the production steps of which all take place in the defined geographical area.

〔2〕 See Article 5（2）of Regulation 1151/2012：For the purpose of this Regulation，“geographical indication” is a name which identifies a product：（a）originating in a specific place，region or country；（b）whose given quality，reputation or other characteristic is essentially attributable to its geographical origin；and（c）at least one of the production steps of which take place in the defined geographical area.

以来，旨在将农产品、食品、葡萄酒、烈性酒的法律框架融合的修正案正在立法讨论之中。[1] 上述四个条例（包括新立法草案）授予保护名称的权利几乎一致，规定已注册的地理标志应受到下列保护：第一，禁止在未享受地理标志保护的产品上直接或间接商业性使用注册名称，如果上述产品与地理标志产品类似；或者如果该使用利用了注册名称的声誉，包括在地理标志产品被用作配料时。第二，禁止任何滥用、模仿或引起联想的行为，即使已标明产品或服务的真实来源，或受保护的名称被翻译或附有诸如“风格”“类型”“方法”“生产于”“模仿”等类似措辞，包括在地理标志产品被用作配料时。第三，禁止在未享受地理标志保护的产品的内部或外部包装、广告材料、文件或产品容器包装上使用虚假或误导性说明，引起对产品的来源、原产地、性质或者基本特征的错误认识。第四，禁止任何其他可能在产品的真正来源方面误导消费者的做法。[2]

上述条款已超越《TRIPs 协定》第 22 条提供的一般保护水平，甚至已超越第 23 条为葡萄酒和烈性酒提供的高水平保护。第 22 条的适用要求使用行为使消费者产生混淆或者导致不正当竞争，而欧盟地理标志保护条例的适用不以使消费者产生混淆或导致不正当竞争为前提。第 23 条的适用不以使消费者产生混淆或导致不正当竞争为前提，禁止将地理标志用于原产地之外的产品之上，即使附加

[1] See European Commission (EC), Proposal for a Regulation on European Union Geographical Indications for Wine, Spirit drinks and Agricultural Products (2022) COM (2022) 134 final.

[2] See Article 13 (1) of Regulation 1151/2012.

“型”（如香槟型红酒）、“类”等词汇。然而，《TRIPs 协定》第 23 条相比欧盟地理标志保护条例禁止范围是狭窄的。例如，其不禁止“联想”，未明文禁止将地理标志使用在不同种类的产品（如香槟味洗发水）上。因此，欧盟地理标志条例明文规定的内容已为注册名称提供了高水平的保护。而近年来的司法判决将保护水平推向了一个新高度，之后详述。

四、欧盟地理标志保护水平进一步提高

（一）禁止直接或间接使用条款的扩大解释

欧盟地理标志保护条例禁止直接或间接地商业性使用地理标志。[1] 由于条例没有定义“直接”“间接”“使用”等概念，对上述概念的解释决定了禁止直接或间接使用条款的适用范围。“直接”与“间接”被解释为市场上使用地理标志的物理方式。[2] “直接”被解读为将地理标志直接贴在产品或其包装上，而“间接”则要求地理标志出现在其他营销信息中。

对于“使用”的解释，使禁止直接或间接使用条款不仅可用于禁止相同名称，还可用于禁止相似名称。根据欧盟法院的司法解释，“使用”既包括使用的争议标志与受保护地理标志完全相同的情形，又包括争议标志在视觉和/或发音方面与地理标志有密切联系的情形。[3]

根据上述标准，CHAMPAGNE VEUVE DEVANLAY 被认为使

---

〔1〕 See Article 13（1）（a） of Regulation 1151/2012.

〔2〕 Case C-44/17 *Scotch Whisky Association v. Michael Klotz*（ECJ 7 June 2018） para. 32.

〔3〕 Ibid.， para. 29.

用了 CHAMPAGNE；组合商标包含城堡图形与文字的 LA MAISON DES BEAUJOLAIS 被认为使用了 BEAUJOLAIS。除此以外，即使 IBICENCO 与 IBIZ 不完全一致（词性不同），商标中包含 IBICENCO 也被认为是“使用”行为。[1]

禁止直接或间接使用条款适用于争议产品与地理标志产品“类似”时，但仍然存在扩大解释“类似”一词的趋势。“类似”区别于商标法中货物之间“相似”的概念。早期欧盟在狭义解释“类似”时，认为商品是否具有“类似”性，应当比较产品是否具有共同的客观特征，如加工方法、产品的物理外观或使用的原材料。[2] 欧盟法院在 Cognac 案中指出，为了确定商品是否具有“类似”性，还可从相关公众的角度来看，考量因素包含产品是否在基本相同的场合消费，或者是否通过相同的渠道分销和/或遵循类似的营销规则等。[3] 增加的考量因素可使外观或原材料不相同的产品更有可能因市场因素被认定为类似产品。例如，争议产品“矿泉水”“充气水”“调味水”被认为与地理标志产品所属类别“柑橘”类似，不是因为相同的物理外观，而是因为市场因素（柑橘作为原料可引起消费者偏好）。[4]

---

〔1〕 EUIPO，“Guidelines for Examination in the Office，Part B Examination”（2020）Final Version p. 489.

〔2〕 Replies by the European Communities to Questions Posed by the Panel Following the Second Substantive Meeting，*European Communities－Protection of Trademarks and Geographical Indications for Agricultural Products and Foodstuffs*，WTO Doc. WT/DS174/R/Add. 2，B－328（26 August. 2004）.

〔3〕 Joined Cases C－4/10 & C－27/10 Bureau national interprofessionnel du Cognac v. Gust. Ranin Oy［2011］ECR I-06131 para. 54.

〔4〕 EUIPO，Refusal of Application for a European Union Trade Mark（12 March 2020）5.

(二) 禁止利用受保护名称的声誉条款的扩大解释

欧盟地理标志保护条例禁止利用受保护名称的声誉。[1] 根据欧盟法院的解释,[2] 禁止利用受保护名称的声誉条款不仅适用于争议产品与地理标志产品属于同类或类似产品的情形，还适用于不类似的争议产品或服务。

法律实施中，禁止利用受保护名称的声誉条款的适用范围包含与地理标志产品相同的商品、与地理标志产品类似的商品、将地理标志产品作为原材料的商品、与地理标志产品不类似的商品。

“利用”地理标志声誉指对声誉的不正当利用。“香槟雪糕”案将“利用”解释为包括使用地理标志来销售含有地理标志产品成分的食品的情形。欧盟法院认为使用“香槟冰糕”这一名称来指代含有香槟的冰糕，可能会将“香槟”的声誉延伸到该产品上，传达一种奢侈的形象。法院进一步认为，如果食品不具备由于含有地理标志产品成分而产生的味道特征，那么在这种食品上使用地理标志就是对地理标志声誉的不正当利用。[3]

(三) 禁止滥用、模仿、联想条款的扩大解释

欧盟地理标志保护条例禁止任何“滥用”、“模仿”或“联想”,[4] 但没有界定上述概念。欧盟法院没有界定“滥用”的概

[1] See Article 13 (1) (a) of Regulation 1151/2012.

[2] Case T-53/04 Budějovický Budvar v. OHMI [2007] ECR Ⅱ-00057 para 175.

[3] Case C-393/16 Comité Interprofessionnel du Vin de Champagne (ECJ 20 December 2017) para. 53.

[4] See Article 13 (1) (b) of Regulation 1151/2012.

念。但最为明显的不当使用方式应当被“滥用”概念所涵盖，即并非来源于地理标志所示地区而使用地理标志。类似地，欧盟法院没有界定“模仿”的概念。根据“模仿”术语在一般语言中的通常理解，模仿主观上“旨在模仿或复制其他东西”。与之对应的是“引起联想”，“引起联想”是一个客观的后果。

反“联想”条款是欧盟地理标志条例中最为核心的条款，[1]因为“联想”的概念比“滥用”与“模仿”更为宽泛，更多行为可以被视为引起联想，虽然可能它们不构成“滥用”与“模仿”。[2] 因此，反“联想”为地理标志提供了高水平的保护。

欧盟法院近年来的解释将保护水平推向前所未有的高度。欧盟法院判定“联想”的决定性标准是，当消费者面临有争议的名称时，直接在他脑海中浮现的形象是地理标志产品。消费者必须在争议名称和地理标志产品之间建立充分明确和直接的联系。同时，有必要考虑到普通消费者的预期。如果争议术语在相关公众中引起与受保护地理标志或相关区域的某种联系，不足以构成所禁止的“联想”，因为这种关联不一定能在该术语和相关地理标志之间建立足够明确和直接的联系。[3] 构成所禁止的“联想”要求相关公众在争议术语和地理标志之间建立了足够清晰和有力的联系，在遇到争议术语时，公众脑海中直接触发的是地理标志产品的形象。

联想的判断方法与混淆不同。因此，确定混淆的可能性与判定

---

〔1〕 Caroline Le Goffic, “Réflexions Autour de la Notion d' Evocation en Matière d' Indications Géographiques”（2020）Légipresse 61.

〔2〕 Case C-87/97 Consorzio per la Tutela del Formaggio Gorgonzola v. Käserei Champignon Hofmeister and Bracharz［1999］ECR I-01301 para. 25.

〔3〕 Case C-44/17 Scotch Whisky Association v. Michael Klotz（ECJ 7 June 2018） para. 53.

是否存在联想是无关的。正如法院所认为的，即使在没有任何混淆可能性的情况下，也可能会有“联想”。判断“联想”所关注的要点是，原产地的联系是否在公众心目中产生，是否不正当地利用了受保护地理标志的声誉。[1]

在上述判断标准下，Scotch Whisky 案将反“联想”条款的禁止范围实质性地扩大。在此之前，反“联想”条款主要被用于禁止与地理标志近似的名称。在苏格兰威士忌案中，法院认为，争议名称和地理标志之间的语音和视觉相似性不是确定存在联想的必要条件，而只是需要考虑的因素之一。[2] 因此，法院认为，即使语音和视觉不近似（例如，该案中的 Glen 与 Scotch Whisky），也不妨碍可能产生法律所禁止的“联想”。

紧随其后，Queso Manchego 案进一步扩大反“联想”条款的禁止范围，确立不合法的联想可能因为图形而产生。在此之前，即使在 Scotch Whisky 案中，反“联想”仅被用于禁止名称的使用。作为 Queso Manchego 案的文化背景，作家米格尔·德·塞万提斯在拉曼查地区（La Mancha）设置了与虚构人物唐·吉诃德·德·拉·曼查有关的大部分故事。作家所塑造的唐·吉诃德这一角色的某些身体特征和服装，与争议产品标签上的形象设计所描绘的人物相似，例如唐·吉诃德使用的盾牌（小皮盾）和唐·吉诃德所骑的马的名称（Rocinant）相似。唐·吉诃德创作中的风车是拉曼查地区风景的一个典型特征，而争议产品标签上出现了风车和绵羊的景

---

〔1〕 Case C-75/15 Viiniverla Oy v. Sosiaali-ja terveysalan lupa-ja valvontavirasto（ECJ 21 January 2016）para. 45.

〔2〕 Case C-44/17 Scotch Whisky Association v. Michael Klotz（ECJ 7 June 2018）para. 46.

观。法院认为，即使不存在文字上的相似性，图形引起的“联想”也构成地理标志条例所禁止的“联想”。[1]

在 Morbier 案中，欧盟法院佐审官再次扩大反“联想”条款的禁止范围，认为与地理标志产品相似的产品外形可能构成法律所禁止的联想。[2]

（四）禁止误导性标识条款的扩大解释

欧盟地理标志保护条例禁止误导性标识。[3]“误导性”的判断在于确定一个标识是否容易对产品的原产地或产品的性质及基本品质传达错误印象。在苏格兰威士忌案的判决中，欧盟法院对“误导性标识”术语作出扩大解释，认为即使不会引起误导的结果，也可能构成法律所禁止的“误导性指示”。法院认为，判断标识传递的信息是否在产品来源、原产地、性质或基本品质方面存在误导性，不应考虑标识的上下文背景。[4] 换言之，即使标识的上下文背景通过明确声明排除误导消费者的可能性，该标识仍可能被视为具有误导性。

（五）禁止其他误导性行为条款的扩大解释

欧盟地理标志保护条例禁止任何其他误导性的行为。[5] 在

---

〔1〕 Case C-614/17 Fundación Consejo Regulador de la Denominación de Origen Protegida Queso Manchego v. Industrial Quesera Cuquerella SL（ECJ 2 May 2019）para. 43.

〔2〕 Case C-490/19 Syndicat interprofessionnel de défense du fromage Morbier v. Société Fromagère du Livradois SAS（ECJ 17 December 2020）para. 41（AG Opinion）.

〔3〕 See Article 13（1）（c）of Regulation 1151/2012.

〔4〕 Case C-44/17 Scotch Whisky Association v. Michael Klotz（ECJ 7 June 2018）para. 71.

〔5〕 See Article 13（1）（d）of Regulation 1151/2012.

Morbier 案中，欧盟法院的解释扩大了“其他误导性的行为”的覆盖范围。Morbier 是一种奶酪，由生牛乳制成，带有未煮熟的压榨糊状物，形状为直径 30—40 厘米的扁平圆筒，高 5—8 厘米，重 5—8 公斤，侧面平坦，后跟略微凸出。在每一片奶酪上都有一个连续的、相连的、水平的、中央的黑色标记。争议产品与 Morbier 地理标志产品外观一致。该案原告认为相同外观是为了制造与地理标志产品的混淆，并从与之相关的形象的知名度中获益，故不必遵守地理标志的产品规范。

欧盟法院认为，禁止其他误导性的行为条款必须解释为，禁止复刻地理标志产品的形状或外观特征，如果复刻行为可能导致消费者相信模仿产品是地理标志产品。[1] 在 Morbier 案之前，地理标志法律仅禁止名称或图形的使用。Morbier 案将禁止权扩大至对产品外形的模仿。

五、对我国地理标志立法的启示

在《知识产权强国建设纲要（2021—2035 年）》的指引下，我国地理标志法律制度的发展正处于探索专门立法的阶段。探索工作已注意到专门制度高保护水平的特点。此外，《中欧地理标志协定》要求合作双方为地理标志提供高水平的保护。

然而，欧盟的专门制度运行暴露出高保护水平并非一个无缺陷的优势。随着欧盟法院对地理标志保护各条款的扩大解释，欧盟地理标志保护水平达到前所未有的高度，但也引起对其负面影响的担

〔1〕 Case C-490/19 *Syndicat interprofessionnel de défense du fromage Morbier v. Société Fromagère du Livradois SAS*（ECJ 17 December 2020）para. 41.

忧。例如，Morbier 案将禁止权扩大至对产品外形的模仿，直接导致包括该案被告在内的非地理标志生产者不能生产 Morbier 奶酪或与之外形相似的任何奶酪。消费者获得物美价廉的替代品的数量相应减少。Dev Gangjee 认为，如果 19 世纪就对地理标志进行如此高水平的保护，很多目前耳熟能详的地理标志将不复存在，例如西班牙地理标志 CA VA 将消失，原因是其与香槟相同的特征——“气泡”将使消费者联想到香槟，从而被法律所禁止。[1]

总之，我国在探索专门立法、履行《中欧地理标志协定》的过程中，应警惕高水平保护所带来的负面影响，在地理标志产品生产者、竞争者、消费者之间寻求符合我国国情的利益平衡点。

---

〔1〕 L Bently，B Sherman，D Gangjee and P Johnson，*Intellectual Property Law*（6th edition，OUP，Oxford 2022）1235.

广东省农产品地理标志的发展状况与对策

赵　艳[*]　徐振江[**]

摘　要： 农产品地理标志作为一项特殊的知识产权，体现着明显的区域质量信号和美誉度。其具有证明农产品质量、统一生产标准、保护品牌口碑等积极作用。它是促进农民收入提升的重要推手，也是发展区域特色经济的根本保障，更是实现乡村振兴目标的关键环节。因此，本文拟对广东省农产品地理标志保护的现状进行分析，找出其中存在问题的深层次原因，并从建立地理标志保护机构、制定地理标志的地方性法规以及建立相应的权利救济机制等方面，对潜在的地理标志进行发掘，建立完善的产品生产标准，重视地理标志的法律保护，着力建设先进的产业集群，从而提高广东省农产品地理标志的品牌价值，助力乡村振兴。

关键词： 农产品　地理标志　广东省　知识产权

---

* 赵艳，华南农业大学农学院硕士研究生。

** 徐振江，农业农村部植物新品种测试（广州）分中心常务副主任，华南农业大学知识产权研究中心副主任，正高级实验师。

知识产权是一个国家的战略资源，也是一个国家的核心竞争力。在农业方面，知识产权正日益成为农业强国的有力支撑，并已成为掌握农业发展主动性的关键。农产品地理标志是一种重要的农业知识产权，是引导我国农业品牌化发展的先锋，在提升农产品市场竞争力、推动区域经济发展、保护农耕文明、促进农民增收等方面都起到了非常重要的作用。

我国作为一个传统农业大国，其自然生态和资源禀赋多样，具有悠久的农耕文明和深厚的农业文化。我国幅员辽阔，特殊的自然生态环境、种植养殖方式、文化历史等因素孕育出了许多具有特色的农特产品。在国家加速推动现代农业发展的新时期，挖掘、保护和利用这些特色资源，对农业发展方式的转变、农业产业化水平的提升、农业品牌化的发展有着十分重要的意义。农产品地理标志是维护具有地方特色的资源优势、农业文化遗产的一个重要载体。农产品地理标志是一种重要的农业知识产权，它不仅是一种农产品产地标识，而且是一种重要的标志；它不仅是做好农产品质量安全工作的一个重要抓手，而且是推动特色农业产业发展的一个重要手段。在我国，对地域特色农产品进行注册，是发展现代农业、特色农业、品牌农业的一项重大任务。

一、广东省农产品地理标志发展状况

（一）农产品地理标志的界定

农产品地理标志是在自然和人为因素共同作用下形成的具有原产地和质量标识作用的一种知识产权。《农产品地理标志管理办法》（2019 年 4 月 25 日修订）中的农产品地理标志，是指标示农产品来源于特定地域，其产品品质和相关特征主要取决于自然生态环境和历史人文因素，并以地域名称冠名的特有农产品标志。2022年11月30日公布的《广东省地理标志条例》中提到，地理标志是指标示产品来源于某一特定地区，该产品的特定质量、信誉或者其他特征，主要由该地区的自然因素或者历史人文因素所决定的标志。[1] 广东以其独特的自然生态环境和人文环境闻名，合理利用农产品地理标志推动农业品牌化发展，将成为助推广东农业转型升级和产业增效的主要途径。

（二）全国农产品地理标志分布

根据中国绿色食品发展中心官网发布的2011~2012年农产品地理标志保护信息，在全国范围内，除我国台湾、香港和澳门地区外，共登记了31个省、自治区和直辖市的农产品地理标志共3510项（见图1），其中数量最多的地区为山东省，有351项；天津市数量最少，仅有9项。

从图1中可以看出，目前广东省农产品地理标志注册数量明显偏少，共有63项，仅占全国总注册量的1.8%。与全国其他省份横向对比可见，在粮食类、食用菌类、热带作物、蛋类产品、蜂类产品、水产初级加工等方面，广东省均具有较大优势的地理标志产品，但由于缺少相应的品牌效应，知名度较低。而在茶叶、药材、香料等方面，广东省并不具有十分突出的优势。

---

〔1〕 参见《广东省地理标志条例》，广东省第十三届人民代表大会常务委员会公告第123号。

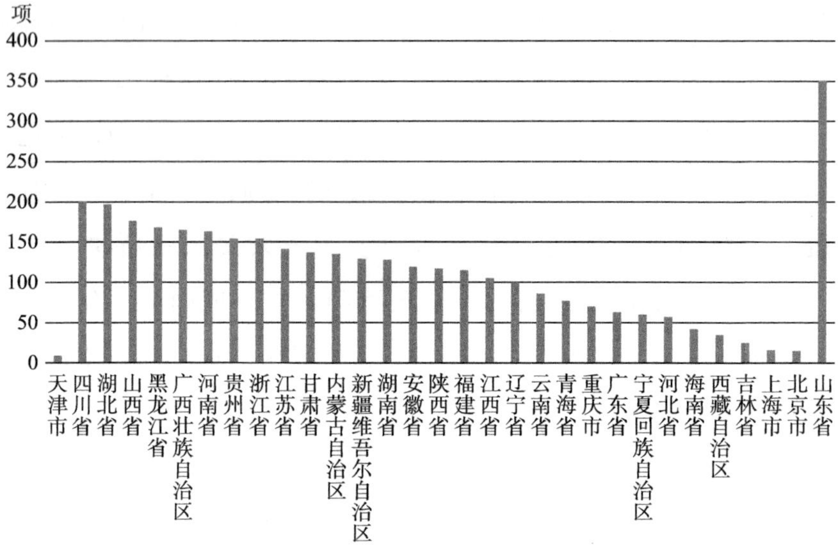

图1　农产品地理标志在部分省市的分布状况（不含港澳台地区）

数据来源：中国绿色发展中心官网。

（三）农产品地理标志数量和所属品类呈总体增加趋势

根据中国绿色食品发展中心提供的数据资料，广东省注册登记农产品地理标志产品共计63项。其中，2011—2020年农产品地理标志登记数量大体呈增长态势（见图2）。由此可见，广东省的农产品地理标志登记体系正在不断成熟完善。2021年和2022年农产品地理标志注册登记数量明显下降，这主要与新冠疫情的发生有关，其他省份也存在类似情况。

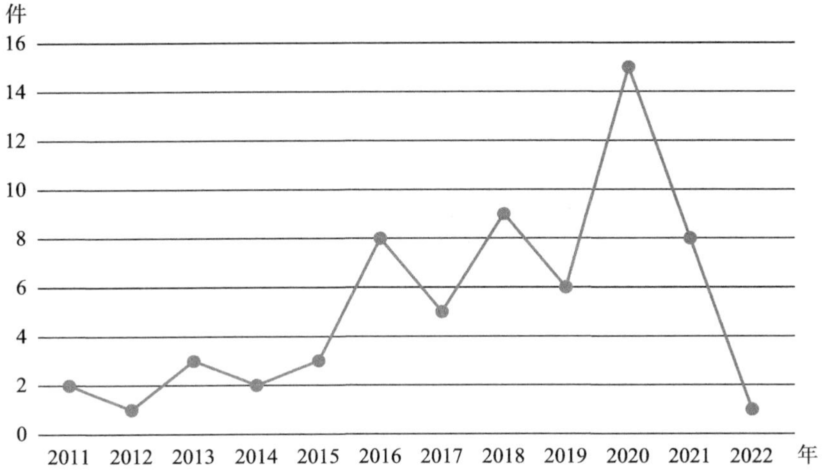

图 2　广东省 2011—2022 年农产品地理标志申报数量

数据来源：中国绿色食品发展中心官网。

（四）广东省不同区域地理标志产品的数量分布

从图 3 可以看出，广东省各地区农产品地理标志产品分布不均，江门市、惠州市、梅州市和清远市位居前列。江门市农产品地理标志产品总量排名第一，共有 13 项。该市从创建农业标准化示范基地，加强农产品质量和安全监督，到加快品牌标准化步伐，再到整合资源和生产销售，最后加强品牌推广，一步步迈向新台阶，不断开创新局面。

二、广东省农产品地理标志发展中面临的问题

（一）品牌保护意识薄弱，地方政府缺乏重视

地理标志是一种能够证明商品产地来源的关键标识，也是一种

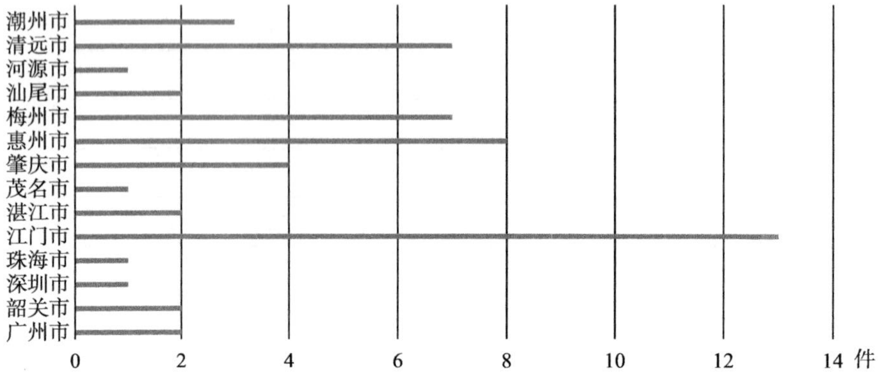

图 3　广东省各地区农产品地理标志数量分布

数据来源：www. anluyun. com。

重要的知识产权形式。目前，一些地方政府只注重农产品地理标志的创建而忽视了对其的推广，对其保护工作不够重视。未能把农产品地理标志工作放在突出位置，所辖企业之间竞争多于合作，缺乏抱团做强意识，这就使一些农产品地理标志得不到适当保护，从而导致假冒伪劣产品层出不穷的局面。

广东省有着优越的自然地理条件、良好的生态环境、悠久的农业文明和饮食文化，但不少具有发展农产品地理标志登记保护潜力的地域特色的农产品仍未申报。此外，一些地方政府没有充分意识到发展农产品地理标志对于提升农产品市场竞争力、促进区域经济发展、增加农民收入的重要性，认为只要申报登记成功就可以了，对已登记保护的农产品不愿意继续开发，导致农产品地理标志未能得到进一步发展和推广。

（二）农产品地理标志登记工作相对滞后

广东省地理标志保护起步较早、发展快、市场化程度较高，但农产品地理标志登记工作不到位，对地理标志农产品的市场竞争力及产业发展造成了一定影响。其原因主要有三个方面：一是大部分农产品基地的规模化、标准化和专业化程度较低，使标准化生产的实施变得艰难，产品品质难以得到保障；二是科学研究与技术服务支撑体系不健全，在一定程度上对农产品地理标志的开发起到了限制作用；三是市、县农产品地理标志工作组织体系不完善，部分地级市农业农村主管部门对开展农产品地理标志工作积极性不高，业务不熟练，认为申报农产品地理标志手续烦琐、材料复杂，甚至出现部分地级市向相关部门请教可否聘请专门代理机构进行代理申报材料的现象。

（三）农产品地理标志保护工作有待健全

当前，质量监管体系不完善、执法力量薄弱、缺乏严谨且行之有效的质量监管机制是广东省农产品地理标志保护工作面临的突出问题。主要表现在以下几个方面：（1）广东省对于农产品地理标志的保护缺乏相应的资金支持，致使其组织结构非常脆弱，难以进行有效的管理。（2）大部分市、县没有相应的独立行政管理机构，许多行政机关隶属于农业农村局，缺乏专业人员进行管理，这使该地区对农产品地理标志的管理缺乏应有的专业性和科学性。（3）假冒伪劣产品在市场上大量出现，严重泛滥，对地理标志产品的信誉造成了很大冲击。（4）部分农产品地理标志被某些唯利是图的标志使用者的不正当行为破坏。

（四）缺乏有效的推广，品牌认知度较低

由于广东省有关部门对农产品地理标志保护的宣传力度不够，

不少生产者和经营者并没有真正认识到农产品地理标志保护的重要性。他们片面地认为，只要产品的销量足够好、经济效益足够高，就不需要花费太多的金钱和精力来进行地理标志的保护工作。与此同时，尽管有些地理标志产品具备了一定的竞争力和影响力，但产业链的延展性不够、产业链不够长等问题，造成产品附加值不高，品牌知名度不够，影响力还需要进一步提高。

在中国绿色食品发展中心官网查询到的广东省 63 项农产品地理标志，其“自然生态环境和人文历史因素”的详情介绍全部是关于气候、土壤、水源水质和生态环境等自然生态环境的信息，没有涉及人文历史因素的信息，这就使其品牌特征缺乏文化底蕴信息，不利于品牌的更好培育和宣传。很多情况下，因为宣传不到位，消费者并不了解，产品知名度很低，也导致商家在销售地理标志农产品时经常打价格战。对于农产品地理标志来说，其产品竞争更多的是差异化竞争，价格战会对品牌的知名度和美誉度产生不利影响，进而对品牌的长期发展造成不利影响。

（五）缺乏龙头企业带动，竞争力弱

目前，广东省部分地理标志农产品的供给主力是以家庭为单位的农户，缺少完全实行标准化种植的合作社和企业，从而造成了一种严峻的局面。一方面，家庭农户存在小而散、实力弱、融资难、资金不足、产业链短的局限性，许多家庭农户的经营素质亟待提升。由于专业人才供给不足，无法将区域内资源进行整合协同发展，缺少提升农产品地理标志自身优势和竞争力的有效渠道，从而无法将加工业、旅游业、休闲农业进行紧密融合。另一方面，龙头

企业也没有很好地发挥带动作用，未能起到推动农产品地理标志标准化和规模化的排头兵作用，与其他生产主体主要是一种松散的以购销为主的买卖关系，没有结成利益共同体，导致农产品地理标志的产业合作性、紧密性较弱，不能很好地支撑其发展。

（六）多部门交互式管理混乱

在立法层面，我国当前的地理标志保护模式存在《商标法》《地理标志产品保护规定》《农产品地理标志管理办法》三套相互独立的保护体系，使得在司法实践中出现了一定的掣肘现象。同时，由于不同政府部门会制定不同的制度，农产品地理标志保护实践过程中极易出现地理标志保护的多头管理局面，并且存在行政级别与沟通机制不健全等问题。长此以往，极有可能影响广东省农产品地理标志的长远发展。因此，有必要重新构建地理标志的保护模式。

三、广东省农产品地理标志发展对策

（一）制定对地理标志进行保护的协调规则

2023 年国务院机构改革方案将国家知识产权局由原来的国家市场监督管理总局管理调整为由国务院直属机构管理。而现行《地理标志产品保护规定》未随之进行更新和调整，因此可以通过以专门法保护为主、商标法保护为辅的方法制定地理标志保护法。另外，也可以参照《农产品地理标志管理办法》，以国家知识产权局为主导制定地理标志产品保护制度。国家应从受理渠道、审查标准、公告发布、专用标志保护和监督等方面，对我国地理标志的管理进行实质性的统一。在专门法与《商标法》相抵触的情况下，应当按照专门法对公共权利的保护为主、《商标法》对普通权利的保护为辅的原则，来实现对当事人利益的协调与均衡。

（二）修改地理标志的名称及定义

首先，未来的专项立法应当以“地理标志”命名，而非“地理标志产品”，要明确该专项法规针对的是抽象的知识产权，而不是具体的实物产品，以免由于名称的模糊而削弱了人们对地理标志这一抽象知识产权的认识。

其次，应当重新界定地理标志在不同的保护方式下所具有的特定含义。在新法规中，关于地理标志的界定，建议将“声誉”作为独立要素，将自然要素与人文要素用“和”连接，将其他要素用“或者”一词连接，避免过分苛刻。

（三）充实优势涉农地理标志的品类和数量

有亚热带特色资源是广东的独特优势。在此基础上，应考虑把广州、韶关、江门、惠州、清远等市县作为重点发展区域，把果品、肉类产品、蔬菜、香料、茶叶、水产、动物等品类作为主导品类，从中选择知名度和美誉度较高、影响力较大的优势品牌，由农技推广中心与行业协会重点培育，筛选出具有一定影响力的品牌，构建区域品牌—企业品牌—产品品牌的“新三品”融合发展体系，延伸产业链，提升溢价空间和品牌价值，继而发挥“头雁效应”，层层推进，带动其余市县农产品地理标志的发展。在此基础上，增加食用菌类、亚热带作物、蜂类产品、水产初级加工类等其他亚热带特色品类，最终形成区域之间协调发展、品类多样化的涉农地理标志体系。同时，生产经营者应该改变传统农产品地理标志的经营理念以及发展模式，积极进行农产品品牌发展的实践，并逐渐构建出一种具有地方特色的品牌构建模式，从而打造区域农产品品牌。

（四）加强对农产品地理标志的协调管理，完善保护政策

首先，农产品地理标志属于区域公共品牌，其品牌的建设、管理与运用需要政府、农户、农产品协会、农业服务中心、研究所、被授权企业、品牌传播媒介等多主体的参与。只有各主体共同努力，才能形成良好的品牌形象，打造出优势品牌，根除假冒伪劣的地理标志农产品。协同管理需要各个主体将自身的优势和特长充分发挥出来，遵循利益共同体的理念，把品牌管理工作当成一个整体来看待，通过对各自的优势和资源进行整合，加强系统的核心竞争力，为消费者提供更高质量和更满意的产品，从而打造出口碑品牌。

其次，以《中国（广东）自由贸易试验区条例》为指引，完善地方农产品地理标志相关法规政策及标准，对农产品地理标志的相关产品进行监管，加强质量管理、提高产品质量，并对农产品地理标志的授权使用进行规范，为广东省农产品地理标志的健康发展提供强有力的法律保障。

（五）加强政府领导，加大扶持力度

一是加强政府职能部门的作用。建立地理标志品牌是一项系统的工程，它的发展必须由国家来统筹规划。组织专家深入现场，深

入研究地域特色农产品产业资源特点、行业发展现状和前景，指导并协助制定生产技术规程和配套标准，督促当地政府加快出台地理标志保护方法和使用管理办法，建立完善地理标志保护体系，保障农产品地理标志的质量信誉和特色品质。

二是进一步完善农产品地理标志的申报程序，加大对涉农地理标志的支持和保护力度，做好前期申报准备、材料初审、审查受理等阶段工作，建立绿色通道严格审查、统一标志的使用，以切实强化农产品地理标志保护，确保农产品地理标志在引领产业发展、助力乡村振兴中更好地发挥作用。

三是地方政府统筹规划，对相同的公共资源下的多个不同品牌产品进行动态追踪，构建信息反馈、激励政策等协同机制，协同推动农产品地理标志的品牌培育和建设，加强农产品地理标志的政策扶持，强化地理标志产品的品质导向作用。

（六）加大对农产品地理标志的宣传和推广，形成品牌意识

一是政府应积极为农产品地理标志搭建展示、推广和销售平台，如农博会、农交会，加强农产品地理标志的品牌宣传和推广，提升农产品地理标志的知名度。

二是充分利用广播、电视、报刊、网络、微博、微信等平台的舆论宣传作用，进一步提高消费者对农产品地理标志的认识，提高农产品地理标志的社会知名度。

三是在农业生产中，要充分发挥农业生产的优势，加强农业生产中农户、经销商的守法意识，并在此基础上，通过农产品质量安全宣传周、科技下乡等方式，宣传国家农产品地理标志保护的有关

法律法规和政策，提高农户、经销商对我国农产品地理标志的认识。在此基础上，加强对农民的宣传，使其了解农产品地理标志的申请、注册程序和保护措施等流程，全方位加强引导和支持，促进农民对农产品地理标志的使用。

（七）加大宣传力度，提升农产品地理标志品牌的影响力

产品的价值在于质量，而品牌的价值在于传播。品牌传播的主要任务就是使消费者对品牌定位进行感知、认知，并对其产生认同。农产品地理标志是一个地区的“名片”，政府相关部门应充分发挥其舆论引导作用，加强对地标性农产品的宣传，并通过多种渠道进行“代言”，提升消费者对地标性农产品的认知度。在新的社交媒体环境下，传统的品牌传播面临新的契机与挑战。当前，许多农产品地理标志采取了“线下搭台、线上参与、多地联动、辐射全国”的方式，利用直播卖货、全国各地商超联动、市民游客进园区采摘、丰收节等方式，向全国各地进行宣传和推介。以农产品地理标志为依据，在媒介选择过程中，应注意到消费者对媒介信息使用习惯的改变。在线上进行宣传和推介的同时，也要利用好各类传统线下展览会，如“中国国际消费品博览会”“地理标志产品博览会”等，做好宣传推广工作。

（八）发挥龙头企业的带动效应，增强品牌竞争力

在资金、信息、技术、服务、品牌、营销等方面，龙头企业都拥有相对优势，可以为农户提供所需要的支持和协助。在地理标志农产品的生产过程中，可以把零散的小农户集中起来，形成标准化

和规模化的经营模式。在加工环节，龙头企业可以利用自己所掌握的市场信息，通过技术、工艺创新，不断推出多样化的、可以满足人们需要的深加工农产品。在营销方面，主要借助更宽广的营销平台，以多元化的营销渠道，把地理标志产品推向全国乃至全世界。同时，第一、第二、第三产业的结合，也是一种经济发展的必然趋势。以“农产品地理标志”的品牌效应为依托，立足于人文和历史，立足于自然景观，发展种植、养殖、加工、销售、休闲、采摘、养老、亲子、文化和旅游等多种经营方式，大力发展新的旅游业模式，以此推动农业的发展，提高广东省农产品地理标志的竞争力。

四、结语

在广东省经济贸易发展中，地理标志产品发挥着巨大的作用，合理运用地理标志这一有力工具，能够有效促进地方农产品、手工业品商业化，带动当地产业经济。目前，广东省处在农业转型、农业供给侧结构性调整的重要阶段，更需要农产品地理标志发挥富农、助农的重要作用。广东省的农产品地理标志保护工作在实践中还面临许多问题，政府应高度关注，并加以解决。同时，广东省应当对地理标志进行专业化保护，明确有关部门的责任，做到精准负责，促使农产品地理标志助推乡村振兴，实现由产品到产业、由增量到增效转变的地理标志产业“升值”。

国外地理标志保护的主要模式及对我国的启示

王　晶[*]　宋　敏[**]

摘　要：本文回顾了原产地名称、地理标志保护制度起源、演化发展过程，重点梳理总结了以法国为代表的欧盟原产地名称和地理标志专门法保护制度、登记审查和品质管控措施等运行机制，并结合我国地理标志保护制度现状，提出建设完善中国特色地理标志制度的几点建议。

关键词：原产地名称　地理标志　质量管控　农产品地理标志

一、地理标志制度的起源与制度演化发展

（一）原产地名称保护制度的起源

原产地名称作为品牌的一种，20 世纪初起源于法国，最早是为了使消费者不受欺骗、生产者免遭不正当竞争。起初主要在葡萄酒

* 王晶，广岛大学统合生命科学研究科博士研究生。

** 宋敏，中国农科院资源管理二级岗位杰出人才，研究员，博士生导师。

和烈酒领域实行保护，后来逐步向农产品领域拓展。经过若干年的实践，法国建立了一套原产地名称保护制度体系。这套制度后来被欧盟吸收借鉴并演变成地理标志概念，成为一种被全球广泛采用的知识产权。[1]

在欧洲漫长的葡萄酒发展历史过程中，人们发现葡萄酒质量与生产区域之间存在联系。特定的自然和人文环境造就了葡萄酒特殊的品质，因此产地名称成为产品质量和声誉的代名词。例如，15世纪产于法国的勃艮第葡萄酒（Burgundy wines），18世纪产于葡萄牙的波特葡萄酒（Port wines）和产于意大利的基安蒂葡萄酒（Chianti wines），20世纪初产于法国的香槟酒（Champagne wines）等先后成了著名的葡萄酒地理标志。[2] 由于特定区域的地理名称在市场上获得了良好声誉和竞争优势，为保持这种竞争优势和利益，法国、意大利等欧洲主要葡萄酒生产国开始尝试建立以规范产地名称使用为核心的原产地名称保护制度。1905年，法国颁布了关于地理标志的第一部法律——《1905年8月1日法》，规定政府有职责对原产地名称作出行政认可，为使用特定名称的产品划定地域界限。[3] 该法案发布之后出现了一系列法令。《1908年8月5日法》进一步规定，应当针对个案制定具体法令来确定原产地名称。在此背景下，1908年12月17日制定的《香槟法令》规定了香槟名称的使用规则。但是，该规定允许所有在香槟地区出产的葡萄酒，

---

〔1〕 参见王蔚：《法国原产地名称立法的变革》，载《中华商标》2000年第3期。

〔2〕 参见穆建华：《欧盟农产品地理标志体系研究及启示》，载《农产品质量与安全》2021年第2期。

〔3〕 参见王笑冰：《法国对地理标志的法律保护》，载《电子知识产权》2006年第4期。

无论优劣均可使用“香槟”这一名称。然而，这一规定在实施过程中严重损害了香槟酒的声誉，最终宣告了这种缺乏质量管控、片面通过行政手段确定使用原产地名称的方式遭遇惨败。于是，法国1919年重新制定的《关于原产地名称的1919年5月6日法》（以下简称1919年法）规定了法国著名的原产地命名控制制度（AOC），用于标明生产、加工在同一地理区域，使用被认可技术进行生产的产品。该法案对原产地名称授予司法保护，同时要求法官在认定原产地名称时应当考虑如下因素：产品所源于的国家或地区以及归因于地理环境的产品质量和特性，包括自然因素和人为因素。[1] 这意味着一个产品与其原产地之间必须建立与人为和自然因素有关的特殊联系。与之并行的《关于货源标记的1930年5月26日法》规定了货源标记的定义与对虚伪货源标记的处罚。[2] 这使原产地名称与货源标志相区别，具有市场品牌价值，催生了大批受到市场追捧的葡萄酒原产地名称。

为了确保受原产地名称保护产品具有特定的品质，《关于葡萄酒之受监控原产地名称的1935年7月30日法令》确立了葡萄酒和烈酒受监控的原产地名称范围，并设立了葡萄酒和烈酒国家委员会，该法令不仅细化了葡萄酒的原产地区域，而且对葡萄品种、最低酒精含量和最大葡萄产量等生产指标作了详尽要求和规定。[3] 1947年，葡萄酒和烈酒国家委员会更名为国家原产地名称管理委员

---

〔1〕 参见董芳韵：《欧盟地理标志法律保护研究》，武汉大学2019年硕士学位论文。

〔2〕 参见王笑冰：《法国对地理标志的法律保护》，载《电子知识产权》2006年第4期。

〔3〕 参见穆建华：《欧盟农产品地理标志体系研究及启示》，载《农产品质量与安全》2021年第2期。

会（INAO），主要负责对葡萄酒的生产进行管制、定期进行质量检查以及打击欺骗行为。但是，该法令只适用于葡萄酒，其他农产品仍适用1919年法。直到《1990年7月2日法》对1919年法进行彻底修改，将“受监控原产地名称”适用于所有农产品，取代了1919年法通过宣告程序注册的“原产地名称”概念。1990年7月1日之前通过宣告程序取得的原产地名称可以在5年内向INAO申请注册为受监控原产地名称。[1] 由此可见，原产地名称保护制度在20世纪初起源于法国后，经历了初始期的行政划定原产地名称使用区域、司法审查宣告使用原产地名称的主体、引入专门机构管控并不断扩大管控范围三个阶段的不断完善和发展，率先在法国形成了一套完整有效的原产地名称保护制度体系，为欧洲大陆国家特别是南欧国家所效仿。[2]

（二）地理标志保护制度的演化发展

欧洲历来有农业生产的传统，各国各地区依靠其优越的人文、自然条件，生产出质量上乘、声誉良好的产品，并获得全世界消费者的喜爱与认可。这些具有地域特色的农产品为欧洲带来了巨大的经济收益。在法国原产地名称保护制度的影响下，一些欧洲国家为了保护其产品独特的品质和声誉，大多采取法律手段来保证产品的品质，并防止其他地方的生产者冒用或滥用名称。[3] 由此建立的

---

〔1〕 参见王笑冰：《法国对地理标志的法律保护》，载《电子知识产权》2006年第4期。

〔2〕 参见吴彬、刘珊：《法国地理标志的法律保护制度及对中国的启示》，载《华中农业大学学报（社会科学版）》2013年第6期。

〔3〕 参见董芳韵：《欧盟地理标志法律保护研究》，武汉大学2019年硕士学位论文。

原产地名称或地理标志保护制度具有以下特点：第一，原产地名称或地理标志被作为集体权利受到保护。这种集体权利被视为国家财产，属于该地理区域的全体生产者，不因该名称不再使用而消失。第二，原产地名称不仅表明了产品来源，包括产品与来源地自然因素和人文因素之间的联系，而且还代表了产品的特定质量、声誉。第三，这些国家以专门立法的形式来保护地理标志，并设立了保护和监控原产地名称的专门机构。[1] 在欧洲各国立法保护的推动下，20 世纪 90 年代，欧盟逐渐意识到地理标志保护的重要性，因此在欧盟层面制定了第 2081/92 号地理标志保护条例，并不断对农产品和食品、葡萄酒、烈酒等的地理标志保护制度进行完善。目前，欧盟最新的农产品与食品地理标志保护条例为 2012 年颁布的《关于地理标志保护和农产品和食品原产地名称的第 1151/2012 号条例》。欧盟地理标志保护制度在发展过程中，首先吸收了法国创设的原产地名称保护制度，将其变换成地理标志的概念，而原产地名称作为一个特殊种类也被纳入该系统，适用到欧盟全域及其成员。

欧盟在推进自身制度建设的同时，还通过《马德里协定》、《里斯本协议》、《巴黎公约》、《与贸易有关的知识产权协定》（以下简称 TRIPs 协定）等国际知识产权相关协定和条约，推动地理标志成为国际贸易和大多数国家普遍采用的一种知识产权。在 WTO 框架内，欧盟早在 2005 年多哈回合谈判中就曾经提出在 TRIPs 协定中建立地理标志多边注册制度以扩大地理标志保护范围，但此提议遭到了以美国为首的一些国家的明确反对。欧盟自身的地理标志

〔1〕 参见王笑冰：《法国对地理标志的法律保护》，载《电子知识产权》2006 年第 4 期。

保护体系也受到了美国、澳大利亚的指责，双方通过 WTO 争端解决机制最终达成共识，欧盟不得不修改其地理标志保护条例以符合 WTO 具体条款和国民待遇、最惠国待遇原则。由于在 WTO 框架内的谈判进度缓慢，多哈回合多年来停滞不前，欧盟进而转向通过多边和双方贸易协定的谈判，实现个别突破。[1] 其中包括 2011 年启动的与我国的地理标志保护互认谈判。2020 年 9 月 14 日，中国与欧盟正式签署了《中欧地理标志协定》。欧盟通过这种多边或双边互认合作的方式大大推进了地理标志保护的国际化进程。

（三）地理标志保护的世界主要模式

TRIPs 协定第 22 条第 1 款将地理标志定义为："其标志出自某商品来源于某成员区域内，或来源于该区域中的地区或某地方，该商品的特定质量、信誉或其他特征主要与该地理来源有关。"尽管地理标志与商标均是在市场中使用的商业标识，但是地理标志强调产品特征与其来源地在自然、人文因素或声誉上的联系，而商标法对此不予保护。[2] 自地理标志作为知识产权的重要类型被纳入 TRIPs 协定以后，地理标志保护成为世界主要国家的共同制度选择。但是，各国采取的具体保护模式又有所不同，大致可以分为反不正当竞争保护、专门法保护和商标法保护等不同模式。与欧盟专门法保护模式不同，美国作为移民国家的典型代表，农业文化传统资源优势相对较弱，因此，其把地理标志注册为证明商标或集体商

---

〔1〕 参见董芳韵：《欧盟地理标志法律保护研究》，武汉大学 2019 年硕士学位论文。

〔2〕 参见郑悦迪：《从欧盟经验看地理标志与商标的冲突及解决》，载《电子知识产权》2021 年第 1 期。

标纳入商标法体系进行保护。这种保护虽然有一定的缺陷，保护力度也相对较低，但是符合美国的经济利益，同时也体现了其自身的优势〔1〕。证明商标是指对提供的商品或服务的来源、原料、制作方法、质量、精密度或其他特点具有保证意义的一种标志，又称为保证商标。这种商标一般由商会或其他团体申请注册，申请人对商标的指定商品或服务具有检验能力，并负保证责任。集体商标是由社团、协会或其他合作组织申请注册，用以表示该组织及其成员身份的标志；由其组织成员使用于商品或服务项目上，以区别非成员所提供的商品或服务。〔2〕由此可见，与法国等欧盟国家建立的专门针对地理标志产品的公共质量管理体制不同，在商标保护体系下，对产品的品质管控主要由商标持有人自己负责。

在日本，随着日本推进乡村振兴带来的食品产业集群化发展，超越个别企业范畴，区域居民、社会团体、行政等多元化主体协同推进的区域公共品牌建设成为日本各地乡村振兴的重要抓手。为了给区域公共品牌提供有效法律保护，2006 年日本在现有商标制度框架内建立了由特许厅负责的“地域团体商标制度”，2014 年建立了由日本农林水产省负责的“农产品地理标志登记保护制度”。〔3〕两大并行制度的主要区别是地域团体商标制度的品质控制责任由商标持有人负责，而农产品地理标志登记保护制度借鉴了以法国为代表的欧盟的地理标志保护专门制度，建立了由农业行政参与的专业化

〔1〕 参见吴彬：《美国地理标志的法律保护》，载《世界农业》2010 年第 1 期。

〔2〕 参见张琦：《美国地理标志保护体系简介》，载《WTO 经济导刊》2007 年第 3 期。

〔3〕 王晶等：《试论品牌波及效应及区域品牌建设协同机制——以日本区域品牌建设为例》，载《江西农业学报》2021 年第 8 期。

品质管控机制。

二、原产地名称/地理标志保护制度运行机制

随着欧盟地理标志保护制度的建立，以法国为代表的欧盟对原产地名称/地理标志的保护制度成为相互融合的整体。法国除了依据国内法在国内对原产地名称/地理标志实施保护外，同时依据欧盟统一条例推进法国原产地名称/地理标志获得欧盟的统一保护。

（一）欧盟原产地名称/地理标志保护的种类

欧盟针对三种不同类型的产品对象，制定了不同的原产地名称/地理标志保护条例。一是针对除葡萄酒和烈酒外的农产品和食品，依据欧洲议会的《农产品和食品质量计划条例》（1151/2012号条例）进行认定；二是针对葡萄酒的原产地名称/地理标志保护，依据《共同市场葡萄酒条例》（1308/2013号条例）进行认定；三是针对烈酒，依据《关于烈酒定义、说明、描述、标签和地理标志保护以及废除》（110/2008号条例）进行认定。[1]

同时，根据农产品与产地、原料和制作工艺的关联程度等要素，欧盟进一步将原产地名称/地理标志保护分为三类：一是适用于农产品或食品和葡萄酒的原产地名称保护（PDO），用于标识品质或特性取决于地理环境（自然和人为因素）产品的名称，其中，对于农产品或食品，要求原材料和生产的各个阶段都发生在该地理

[1] 参见赵小平、苗荣：《农业现代化视角的欧盟地理标志法律保护研究》，载《山西大学学报（哲学社会科学版）》2011年第4期。

区域内；对于葡萄酒，要求葡萄种植和所有生产阶段都发生在该地理区域。二是适用于农产品或食品和葡萄酒的受保护地理标志（PGI），用于标识农产品来源于该地理区域，并且它的品质、声誉或其他特点可以归因于这一地理来源。对于食品，原材料不受地域限制，但要求加工生产阶段在该地区。对于葡萄酒，要求至少有85%的葡萄原料是在该地区采收的，并要求葡萄酒在该地区生产。三是适用于烈酒和芳香葡萄酒的地理标志（GI），烈酒特殊的质量和品质或信誉主要来源于其独特的地理区域，并且其原材料不受地域限制。[1]

（二）原产地名称/地理标志保护的权利内涵

1. 基本原则

法国在授予原产地名称时遵循以下几个原则：（1）原产地名称之“名称”必须为地理名称；（2）使用在产品上，该地区生产该产品的历史悠久并且以传统方式生产；（3）可象征或彰显该产品所具有的质量或其他特性，这些质量或特性持续稳定，符合特定的检测标准；（4）该质量或特性完全或主要归因于这个地理来源。[2]

2. 使用禁令

在下列情形中，禁止原产地名称/地理标志直接或间接使用：（1）禁止在与原产地名称/地理标志保护商品相近似或者不同的产

〔1〕参见穆建华：《欧盟农产品地理标志体系研究及启示》，载《农产品质量与安全》2021年第2期。

〔2〕参见刘峥颢、王伟、苏立民：《国内外地理标志产品保护制度及相关法律法规现状的研究》，载《中国标准化》2009年第7期。

品上使用，严格遵循质量技术规则，保护原产地名称/地理标志的声誉；（2）禁止在使用原产地名称/地理标志产品作配料的加工品上使用；（3）禁止在内外包装物、广告或产品随附文件上使用，或者禁止在使用人错误联想到产品来源的作为包装物的容器上使用。

3. 冲突协调

（1）通用的名称不能获得原产地名称/地理标志保护，同时一个已经正式注册的原产地名称/地理标志不能够变成通用名称。（2）在原产地名称/地理标志获得保护之后申请注册的商标，如果可能对原产地名称/地理标志权利造成损害，则拒绝给予商标注册；而一个在原产地名称/地理标志申请注册前已善意注册的商标，可以继续使用和续展，因此允许地理标志和商标共存。

（三）法国原产地名称/地理标志保护组织体系与机制

1. 审批机构

在法国，要使用原产地名称/地理标志必须通过官方管理机构认定。法国农业部下设国家原产地名称局（INAO），全面负责所有农产品和食品原产地名称/地理标志的认定和管理工作。INAO 具有独立法人资格，可以参加诉讼。[1] 自 2013 年起，法国同时启动了工艺品地理标志保护，由法国工业产权局（INPI）负责认定和监督管理。INAO 主要负责实施法国农产品政策，确定产品的原产地和品质；负责法国原产地命名控制标识/受保护的原产地名称、受保护的地理标识、优质产品的红标、传统特产保证和有机农场认定等

〔1〕 参见吴彬、刘珊：《法国地理标志法律保护制度及对中国的启示》，载《华中农业大学学报（社会科学版）》2013 年第 6 期。

相关工作。INAO 的审议和决策机构由一个常务委员会和分别负责酒制品、奶制品和其他产品的三个国家委员会组成。常务委员会负责制定 INAO 的预算并确定总政策，委员从各专门委员会中选拔，最高长官从各国家委员会中遴选，由财政经济部长和农业部长联合任命，任期为 2 年。每个国家委员会都具有法人地位，负责人由农业部长和财政经济部长联合任命；委员由专业人员、行政管理人员以及代表消费者利益的知名人士组成，受农业部长任命。[1]

2. 原产地名称/地理标志申请与审批程序

生产者若想使自己的产品得到原产地名称/地理标志保护，应由所在地区最具代表性的行业协会向 INAO 提出申请。法国地理标志登记审查批准期一般为 3—5 年，平均 4 年，最长期限为 10 年。(1) 申请人。申请人必须是多个生产者组成的组织（行业协会），能够独立承担民事法律责任；参与申请人组织的所有生产者需共同起草产品生产规程，自愿承诺遵守认定申请中有关生产、销售各个环节的规定，保证产品质量。(2) 申请文件。申请人递交的申请文件应包括技术、经济和历史方面的数据以及从这些数据中所能看出的该产品的独到之处及其知名度。(3) 申请审查流程。接到申请后，INAO 再制定一份文件提交给地理标志问题咨询机构——INAO 国家委员会。[2] 该国家委员会对申请的产品是否符合条件作出决定，若国家委员会同意认定该名称，INAO 随后成立调查委员会，

---

〔1〕 参见傅余：《法国原产地名称保护制度及借鉴》，载《安徽农业科学》2008 年第 16 期。

〔2〕 参见吴彬、刘珊：《法国地理标志法律保护制度及对中国的启示》，载《华中农业大学学报（社会科学版）》2013 年第 6 期。

该委员会继续调查精确制定该名称产品的生产条件。当 INAO 通过调查委员会的最终报告并认定该产品可以享有原产地名称/地理标志时，则通过一个法律草案，提出认定原产地名称/地理标志的建议。法律草案最终递交到农业部和经济财政部，由它们共同投票决定是否授予该产品原产地名称/地理标志。政府特派员或部长本人可以拒绝该草案，但不能修改。[1]（4）地理标志产品一旦获得批准，该区域所有生产者均有权使用该标志，但需要向获得批准的申请人（持有人）支付使用费。

3. 官方管控

（1）维权保护。为了更好地保护原产地名称/地理标志，欧盟地理标志保护条例要求成员国应当保证有适当的行政或司法措施，以预防或制止在其领土内对受保护的原产地名称或地理标志进行违法使用的产品予以生产或销售。成员国必须指定负责的部门，以便采取有效措施，提供客观和公平的保障，使本国拥有有资质人员以及实施行动的必要资源。例如，法国政府在市场上实施统一和有效的监督。首先，原产地名称/地理标志产品在法国上市前，要先经过农业部 INAO 的质量检查。进入市场后，由作为市场监督机构的法国经济与财政部负责监督，防止原产地名称/地理标志保护产品被仿冒和名称被不当使用。具体由法国经济与财政部下设的竞争、消费和反欺诈局（DGCCCRF）负责市场监督，检查商品标签，保护消费者权益；法国经济与财政部下设的海关和间接税局（DGDDI）负责监督葡萄酒和烈酒的酿造、运输、销售以及运送。

[1] 参见王继坤、陈桥、高冬冬：《国内外原产地保护技术及相关法律法规现状研究》，载《现代经济信息》2010 年第 5 期。

DGDDI 对原产地名称/地理标志的保护主要是依权利人申请，他们向 DGDDI 投诉出现疑似侵犯知识产权的货物，DGDDI 依照欧盟地理标志保护条例和法国国内法律对货物进行扣押，以便使权利人可以启动法律程序，确认侵权的事实。其次，DGDDI 也可以依据职权扣押货物，预防或制止对原产地名称/地理标志的非法使用行为。并且，这两个监督机构可以继续参与司法行动，进行刑事诉讼，INAO 或地理标志组织成员也可以作为民事当事人参与。（2）全程质量管控。INAO 在全国确定了 12 个具有资质的第三方监管机构。对批准后的产地名称/地理标志产品，由地理标志持有人（行业协会）在 12 个第三方机构中，自行协商确定一家为管控机构，双方协商确定支付相应的监管费用，管控方案要得到国家管控委员会的批准。（3）协同机制。经过若干年的实践，法国形成了一套生产者和公共机构联合，作为私权的知识产权与作为公共权利的集体或国家荣誉权协同配合的运行机制。例如，设立在法定主产区的香槟委员会，以及设立在香槟地区的果农总工会、酒商联盟、葡萄种植协会等在香槟酒质量控制和用标等日常管理中发挥着主体责任。这些组织通过有效的行业管理、市场营销与公关，以及与欧盟、国际组织、商贸企业、科研机构和媒体等的交流协作，在全世界推广和保护“香槟”品牌，维护葡萄种植者（果农）和香槟酒商（贸易商/生产者）的共同利益，推动香槟地区葡萄酒产业的发展。[1]

4. 质量分级体系

法国拥有一套严格和完善的葡萄酒分级与品质管理体系。覆盖

〔1〕 参见陈富桥、胡林英、张菲：《法国香槟酒地理标志保护及其对中国茶叶区域品牌管理的启示》，载《世界农业》2018 年第 3 期。

全产业链的产品监控体系将葡萄酒划分为 4 个质量等级，从高到低依次为法定产区餐酒（AOC）、优良产区酒（VDQS）、产区普通酒（VDP）和日常佐餐酒（VDT）。其中，只有 AOC 和 VDQS 可以使用原产地名称/地理标志。葡萄酒质量等级认定机构是隶属于法国农业部的两个官方组织，一个是国家葡萄酒行业管理局（ONIVINS），主要负责管理 VDT 和 VDP 等级酒；另一个是国家原产地命名与质量管理局（INAO），主要负责管理 VDQS 和 AOC 等级酒。其中，AOC 的有关监管法律条文最为严格，所有 AOC 级别的葡萄酒都必须经过分析和品尝检验，通过正式品尝的酒才可以获得 INAO 授予的证书。

三、建立中国特色地理标志农产品保护制度的思考

（一）我国地理标志农产品保护现状

改革开放以来，经过多层面的实践探索，我国对地理标志的法律保护逐渐形成现今“两种法律模式并行、三套保护制度同在”的基本格局。[1] 从目前来看，我国现行的地理标志管理模式还存在淡化了标志独特性、模糊了主体权利、增加了管理成本等一系列问题。[2] 例如，地理标志法律概念及保护条件不一致，存在不同程度的忽视地理标志的声誉或知名度等问题；地理标志授权确权制度不完善，地理标志存在重叠保护、注册和登记主体不一致等乱象；

〔1〕 参见林秀芹、孙智：《我国地理标志法律保护的困境及出路》，载《云南师范大学学报（哲学社会科学版）》2020 年第 1 期。

〔2〕 参见陈翥、吴传清：《区域产业集群品牌的地理标志管理模式选择》，载《武汉大学学报（哲学社会科学版）》2012 年第 3 期。

地理标志侵权救济制度不完善等。[1]

（二）以法国为代表的欧盟原产地名称/地理标志保护制度的主要经验与启示

经过100多年的发展，以法国为代表的欧盟原产地名称/地理标志保护制度建立了完善合理而又卓有成效的保护模式和运营机制，具有较好的示范性，已成为制定国际贸易规则的典范。[2]

1. 信誉维护是灵魂

信誉是保障市场交易顺利进行的基础。随着消费水平的提高，消费者在追求农产品和食品的温饱功能之外，逐步开始追求风味、特色、文化等特性化品质。这为提供这些特殊品质的生产者提供了市场增值性。但是，由于农产品和食品的这些特殊品质往往具有隐匿性，消费者依托自己收集的信息和感观难以识别，需要借助简单、容易辨识的标记加以识别。显然，如果提供给消费者的标识无法将劣质商品与优质商品区别开来，势必让低价的劣质商品占据竞争优势，造成劣币驱逐良币的逆向选择，最终劣质食品将优质食品逐渐挤出市场。因此，建立原产地名称/地理标志使用制度的根本目的就在于，通过政府背书担保为消费者提供可靠的易于识别的产品特性的标志，保护消费者不受欺骗，使生产者免遭不正当竞争。保障消费者对原产地名称/地理标志的信任是以法国为代表的欧盟

---

〔1〕参见林秀芹、孙智：《我国地理标志法律保护的困境及出路》，载《云南师范大学学报（哲学社会科学版）》2020年第1期。

〔2〕穆建华：《欧盟农产品地理标志体系研究及启示》，载《农产品质量与安全》2021年第2期。

原产地名称/地理标志制度的灵魂。实践证明，欧盟通过原产地名称/地理标志保护，增进消费者信任和降低交易过程中的辨识成本，极大地促进了葡萄酒等特色农产品和食品的国内外贸易。同时，随着国内外贸易的不断发展又倒逼欧盟原产地名称/地理标志保护制度不断进化升级。

2. 质量管控是生命

要保证原产地名称/地理标志的信誉，政府部门和权威的第三方机构的背书增信非常必要，但是政府的认证背书如果没有质量保障作为基础，就会成为欺骗消费者的帮手。法国的《香槟法令》因为忽视了对用标产品的质量管控，极大地损害了原产地名称/地理标志的信誉，最终宣告了缺乏质量管控的用标制度的彻底破产。鉴于此，在重建原产地名称/地理标志保护制度的过程中，法国一直把质量管控作为该制度的生命线。例如，针对葡萄酒的质量控制，从葡萄品种、生态条件、栽培到葡萄酒生产、销售的整个环节都制定了一套严密完备的管理办法。同时，确立了政府机关以及行业协会协同监控的质量保障模式，充分发挥农业行业主管部门和生产者在质量管控中的积极作用。通过可靠的质量保证使香槟、人头马、马爹利等葡萄酒成为经久不衰的百年品牌，不仅经济效益显著，而且成为了法国引以为傲的国家经济文化遗产。

3. 协同共建是保障

一般来说，商标注册带有中立性，不关乎产品的质量，而原产地名称/地理标志保护则是以国家（政府）的名义为产品的特殊品质背书，带有推荐性。原产地名称/地理标志产品的信誉不仅涉及产品生产者、持标人，也涉及国家和政府部门的公信力。因此，在原产地名称/地理标志品牌建设中，政府公共资源的介入不可缺失。例如，在法国，农业部是农产品地理标志质量监督、登记与注册等的行政主管部门，经济与财政部负责市场监督、检查商品标签、保护消费者权益和跨境贸易的海关监管，法院负责对农产品地理标志进行司法保护与权利救济。同时，地理标志持有人（行业协会）是原产地名称/地理标志品牌建设的担纲者，负责质量控制和用标等日常管理以及品牌推广和保护，维护农户、加工商、贸易商的共同利益，推动区域产业的发展，发挥主体核心功能。

（三）完善我国地理标志制度的建议

1. 推动构建符合我国国情农情的地理标志农产品管理制度

我国应该在参考以法国为代表的欧盟的成功经验的基础上，立足国情农情，推进构建专门法为主、商标法为辅，以质量监管和过程控制为核心的地理标志农产品管理制度。发挥农业农村和知识产权部门的行业与体系优势，推动构建统一的地理标志认定制度，协商确立地理标志农产品的登记程序和管理机制，共同推动地理标志产品产业高质量发展。在构建地理标志统一认定制度时，应充分发挥农业农村部门的行业和专业优势，完善我国地理标志农产品管理的相关标准、认证流程、产品追溯、质量监管等相关制度。

2. 加强地理标志农产品质量监督管理

将政府监管、同业监督和行业自律三者统一起来，抓好从生产到流通的全程监管，严格执行地理标志农产品生产规程和质量控制体系。立足农业农村部门职责，以全程质量控制为核心，健全地理标志农产品的政策支持、技术标准、生产经营、质量管控和品牌推广五大体系，适时推动出台地理标志农产品产业发展指导意见。突出“六个强化”：强化品种保护，利用现代种业工程，加强原生地种质资源保护和特色品种培育；强化品质保持，加强绿色生产和特色品质保持技术的集成，构建营养品质核心指标体系，推动分等分级；强化品牌打造，推进地理标志农产品和绿色食品融合发展，依托中国农业品牌目录制度和各类国内外知名展销平台，培育一批有影响力、美誉度高的地理标志农产品公共品牌；强化标准化生产，以产品为主线、全程质量控制为核心，打造一批现代农业全产业链标准化示范基地；强化质量监管，加强和规范农产品地理标志授权使用管理，落实生产记录档案管理制度；强化证前证后监管和质量追溯，做好地理标志农产品监督抽查全覆盖，健全退出机制，坚持检打联动，依法打击不规范、冒用、超范围使用标志等行为，切实维护品牌公信力。

3. 深入实施地理标志农产品保护工程

坚持“挖掘培育一批、登记保护一批、提升发展一批、淘汰出局一批”的工作思路，加强地理标志农产品资源普查，严控增量，调优存量，不断提升登记地理标志农产品的质量。按照生产标准化、产品特色化、身份标识化和全程数字化的要求，以基地建设、特色保持、品牌打造、链条延伸、文化传承等为重点，打造一批地理标志农产品引领高质量发展和乡村振兴的示范样板。同时，加强与现代农业产业园、优势特色农业产业集群、种业创新发展等农业项目结合，强化政策协同，加强地理标志持有人能力培育，提升工程实施效果。

农业知识产权评论

种业知识产权

我国品种权维权问题研究与建议

梁嘉鸣[*]　石训阳彬[**]

摘　要：近年来，种业知识产权保护已经成为种业发展中不可或缺的一部分；国家有关部门开展了多次农业林业品种权维权专项行动，旨在打击假种劣种、未经审定种子及侵权种子，以保护农业创新和整顿种业市场。

由于我国商品种子产业与品种权保护制度的建立起步相对较晚，侵权问题依然严峻。面对各种不同类型和形式的侵权行为，现行法律法规、司法解释和行业标准尚不能完全满足维权需求。

造成“维权难”的原因主要有以下几个方面。一是育种人的品种保护意识薄弱，具体表现为品种权申请与维权意识薄弱。二是维权取证困难，具体表现为侵权种植地难以发现、侵权主体难以证明、销售物性质难以确定、销售行为难以证明。侵权主体、销售行为、制种地范围的认定直接影响诉讼结果。三是检测鉴定不完善，具体表现为标准样品来源不规范，分子检测标准不全面，具有鉴定资质的机构少。针对以上问题，本文提出了对应的建议。第一，政

---

* 梁嘉鸣，广州知农知识产权有限公司总经理。

** 石训阳彬，华南农业大学农学院 2021 级本科生。

府部门应该运用多种方式提高品种权人申请和维权的意识。第二，针对维权取证难的问题，相关部门应该加大调查力度，对于侵权行为予以重罚。第三，应规范标准样品的保存，建立检测行业标准，增加具备资质的鉴定机构。第四，行政执法部门应该通过明确权责、建设高水平执法队伍、加强部门沟通等方式提高执法能力。

关键词：植物新品种保护　维权

一、前言

种子是现代农业的“芯片”，种业强“芯”，赋能乡村振兴。习近平总书记在2020年12月召开的中央经济工作会议上强调“立志打一场种业翻身仗”，2021年《“十四五”推进农业农村现代化规划》将打好种业翻身仗列为推进农业现代化的极重要任务。实现“中国碗里装中国粮”的目标，要依赖种业的突破性发展。种业作为现代农业科技攻关与农业现代化的重点，同时也是产业兴旺及乡村振兴、农村发展的基础和关键。

近年来，除了重视创新育种，扶持种业龙头企业，建立种业基地与创新体系外，种业知识产权也成为种业振兴工作中不可或缺的重要内容。《知识产权强国建设纲要（2021—2035年）》明确了知识产权制度对提高国家核心竞争力的重要意义。优良植物新品种是种业知识产权的重要部分，建设健全的种业知识产权体系，激励创新育种的知识产权市场，对促进种业知识产权优良的市场社会环境尤为重要。21世纪以来国家对种业立法日益重视，2000年7月8日，我国第一部《种子法》诞生。此后，该法历经2004年修正、

2013 年修正、2015 年修订和 2021 年修正，2022 年 3 月 1 日起施行的《种子法》正式出台。同年 11 月，我国修订了《植物新品种保护条例》。这一系列的修改工作建立并完善了我国的种业知识产权保护制度，为我国种业自主创新提供了坚实的法律保障。现行《种子法》扩大了植物新品种保护范围，规范了保护程序，加大了侵权赔偿力度等[1]，用立法的方式从强化种业知识产权保护、加快提升依法治种、重视种业侵权行为等多方面保障植物新品种的权益。相关的司法解释与种业知识产权司法保护典型案例体现了国家对知识产权的重视。在大力推动鼓励种质资源利用开发、种业核心科技创新研发、育繁推一体化的全过程中，知识产权的保障力度决定着原始创新育种人的利益。

二、国内研究现状

获得植物品种权要求该品种是经过人工选育或者对发现的野生植物加以改良，具备新颖性（Novelty）、特异性（Distinctness）、一致性（Uniformity）、稳定性（Stability）和适当名称的植物品种，由国家农业农村部或国家林业和草原局两个部门授予品种权。植物新品种权属于一种无形的知识产权，植物新品种所有权人（以下简称品种权人）对其授权品种，根据不同作物享有 15 或 20 年不等的排他的独占权、许可权和转让权等财产权利和人身权利。

截至 2021 年 12 月 31 日，以“品种权权属，侵权纠纷”为案由，通过中国裁判文书网进行检索发现，我国法院审理的涉植物新

---

〔1〕 参见刘振伟等主编：《中华人民共和国种子法导读》，中国法制出版社 2022 年版，第 1-4 页。

品种案件数量共有 1253 件。我国对品种权的法律保护目前还处于探索阶段，《植物新品种保护条例》的规定较为笼统，公民的植物品种权保护意识较差，品种权保护的相关配套制度措施并不完善，我国植物品种权侵权行为时有发生。[1] 由于侵权易维权难，严重打击品种权人育种创新的积极性，不利于我国种业乃至整个农业产业的长久发展。杨海涛等分析了三个典型玉米侵权案件并指出，在品种权许可使用的侵权案件中，权属纠纷案件逐渐增多，相当多的维权人由于败诉而蒙受巨大经济损失。[2] 武晓静认为，商业目的范围不确定，生产繁殖材料与使用繁殖材料的区分标准不明影响了判决。[3] 贾莹认为，侵权行为大多发生在品种权实施许可过程中，公证取证瑕疵直接影响了侵权行为的认定。目前，我国在维权方面有不少困难与问题等待解决。一是取证问题。邓伟、李菊丹认为，作物具有季节性，要准确找到非法种植地并获得证据比较难。[4] 二是赔偿金额问题。杨雄对诉讼判决金额进行分析后认为，侵权证据固定费用高、律师费用高导致的高维权成本打击了品种权人维权的积极性。[5] 寻求法律服务时，一般民商法律师对于种子维权问题较为陌生。品种权维权需要维权服务人有农学背景，熟悉育种原

---

〔1〕 参见侯树虎：《我国植物品种权侵权问题研究》，山东农业大学 2011 年硕士学位论文。

〔2〕 参见杨海涛等：《基于案例分析的玉米品种权维权问题、启示与建议》，载《种子》2017 年第 5 期。

〔3〕 参见武晓静：《植物新品种权司法保护研究》，吉林大学 2021 年硕士学位论文。

〔4〕 参见邓伟、崔野韩：《植物新品种权实施与维权途径》，载《中国种业》2021 年第 3 期；李菊丹：《国际植物新品种保护制度的变革发展与我国应对》，载《知识产权》2020 年第 1 期。

〔5〕 参见杨雄：《植物新品种权侵权诉讼中判决金额初探》，载《种子》2021 年第 9 期。

理、育种过程、田间种植表型、品种差异和基因检测。杨少奎指出，需要建立统一侵权损害赔偿标准作为参考。[1] 三是品种权意识薄弱。正如杨庆庆所指出的，相关部门、农业科研工作机构及企业对于植物新品种知识产权保护认知度普遍较低。四是能提供维权服务的公司少。[2] 崔野韩、杨海涛等人均指出，专业化的法律咨询与服务较少，专门品种服务机构应组建专项法律援助团队，加强维权指导和援助。[3] 品种权人一般分三类，科研单位或院校、企业及个人。科研单位或院校主要是非营利法人组织，在维权方面反应并不积极，一般会将品种权一次性以成果转化方式许可或转让给企业。个人、小企业一般不设立法务部门，原因是专门设立法务岗位处理合同和少量品种交易问题成本太高。

三、品种权维权过程中存在的主要问题

（一）品种保护意识薄弱

1. 品种权申请意识薄弱

品种权申请和维权与种业振兴密不可分。我国实行植物新品种保护制度，品种权的获得需要品种权人向有关部门进行品种保护申请；通过初审与实审，最后由有关部门授予品种权。虽然我国现在不收取品种权申请与管理费用，但行业对品种保护意识不强，育种

〔1〕 参见杨少奎：《我国植物新品种权司法保护研究》，郑州大学2020年硕士学位论文。

〔2〕 参见杨庆庆：《现代农业发展战略下植物新品种的知识产权保护法规建设》，载《分子植物育种》2021年第20期。

〔3〕 参见邓伟、崔野韩：《植物新品种权实施与维权途径》，载《中国种业》2021年第3期；杨海涛等：《基于案例分析的玉米品种权维权问题、启示与建议》，载《种子》2017年第5期。

家的品种权申请意识依然薄弱。

为了解目前市场中流通种子的品种权申请情况，本文以玉米种子为例进行了商品种子线上线下调查。笔者在某 App 中输入“玉米种子”，App 推荐的前 30 个玉米品种单品详见表 1。

表 1　2022 年某 App 玉米种子品种与品种权申请情况

包装品种名	成交件数	申请情况	包装品种名	成交件数	申请情况
郑＊＊＊8	10 万+	无	吉＊＊＊＊8	10 万+	无
黑玉米	10 万+	无	夏＊＊	10 万+	无
超甜玉米	10 万+	无	水果玉米	10 万+	无
荣＊＊＊号	10 万+	无	水果玉米	10 万+	无
双＊＊脆	4.6 万+	无	鄂＊＊＊号	4.6 万+	无
N＊＊＊8	3.7 万+	已授权	同＊＊8	3.2 万+	驳回
富＊＊＊8	3.2 万+	无	中＊＊号	3 万+	驳回
鲁＊＊＊1	3 万+	已授权	明＊＊＊6	2.5 万+	已授权
M＊＊＊0	2.5 万+	已授权	登＊＊＊1	2.3 万+	已授权
瑞＊＊＊9	2.3 万+	已授权	良＊＊9	2.1 万+	已授权
农＊＊＊6	2 万+	已授权	登＊＊＊＊6	1.8 万+	无
京＊＊＊8	1.7 万+	已授权	金＊＊＊＊0	1.5 万+	已授权
东＊＊＊1	1.5 万+	已授权	太＊＊＊号	7000+	无
金＊＊＊＊5	800+	无	金＊＊＊8	600+	已授权
鲜＊＊＊0	300+	无	太＊＊＊＊号	300+	无

2022 年，笔者针对广东、广西地区的玉米种子进行了调研。笔者在两广地区不同县城购买了不同品种的玉米种子，以种子包装袋上显眼的品种名为记录基础，查询该品种是否正在进行品种申请或已经获得授权，详情见表 2。

表 2　2022 年两广地区线下玉米种子品种与品种权申请情况

销售地区	包装品种名	申请情况	销售地区	包装品种名	申请情况
广东广州	超甜＊＊＊＊号	无	广西南宁	钱＊＊＊号	无
广东广州	中＊＊宝	无	广西南宁	彩＊＊＊1	无
广东广州	浙＊＊1	已授权	广西南宁	美＊＊＊糯	无
广东广州	泰＊＊＊＊米	无	广西南宁	京＊＊＊＊1	无
广东广州	闵＊＊＊号	无	广西南宁	华＊＊＊＊＊号	无
广东广州	鲜＊＊8	无	广西南宁	彩＊＊＊号	驳回
广东惠州	广＊＊号	无	广西桂林	京＊＊＊＊6	无
广东惠州	理＊＊＊＊＊7	已授权	广西桂林	金＊＊号	无
广东吴川	越＊＊号	无	广西桂林	京＊＊＊＊号	无
广东吴川	穗＊＊号	无	广西桂林	广＊＊＊糯	无
广东雷州	王	无	广西玉林	京＊＊＊＊8	无
广东雷州	美＊＊号	无	广西玉林	紫＊＊＊＊1	无
广东雷州	超甜玉米	无	广西玉林	真＊＊号	无
广东雷州	美＊＊＊号	无	广西玉林	喜＊＊＊糯	无
广东雷州	中＊＊＊8	已授权	广西柳州	香＊＊彩	无
广东徐闻	大＊＊＊号	无	广西柳州	玉＊＊＊＊七号	无
广东徐闻	强＊＊＊1	无	广西横州	晶＊＊号	无
广东徐闻	萃＊＊＊6	申请中	广西横州	朝＊＊＊6	无
广东徐闻	强＊＊＊1	无	广西横州	特＊＊＊＊9	无
广东徐闻	华＊＊＊号	无	广西横州	三＊＊＊＊号	无
广东徐闻	京＊＊号	无	广西贺州	天＊＊＊＊2	已授权

笔者在上述调查中发现，大部分玉米品种并未提交品种权申请，尤其以线下门店的品种最为明显。即便玉米已经是品种权申请与授权数量最大的作物类型，但大部分品种并未经过品种权申请。线上

销售的30个品种中，有11个进行了授权，2个品种申请被驳回，因此获得授权的品种只占总体的36.7%。在线下门店购买到的42个品种中，未申请品种权保护的情况更为严峻，仅有4个获得授权，1个正在申请中，1个被驳回。简言之，品种保护申请的意识十分薄弱。因此，提高育种人对知识产权的重视程度的工作依然重要。

为进一步了解品种权申请情况，笔者对主要农作物水稻、玉米、小麦和大豆品种权的申请、授权与审定数量进行了比较，得到图1。

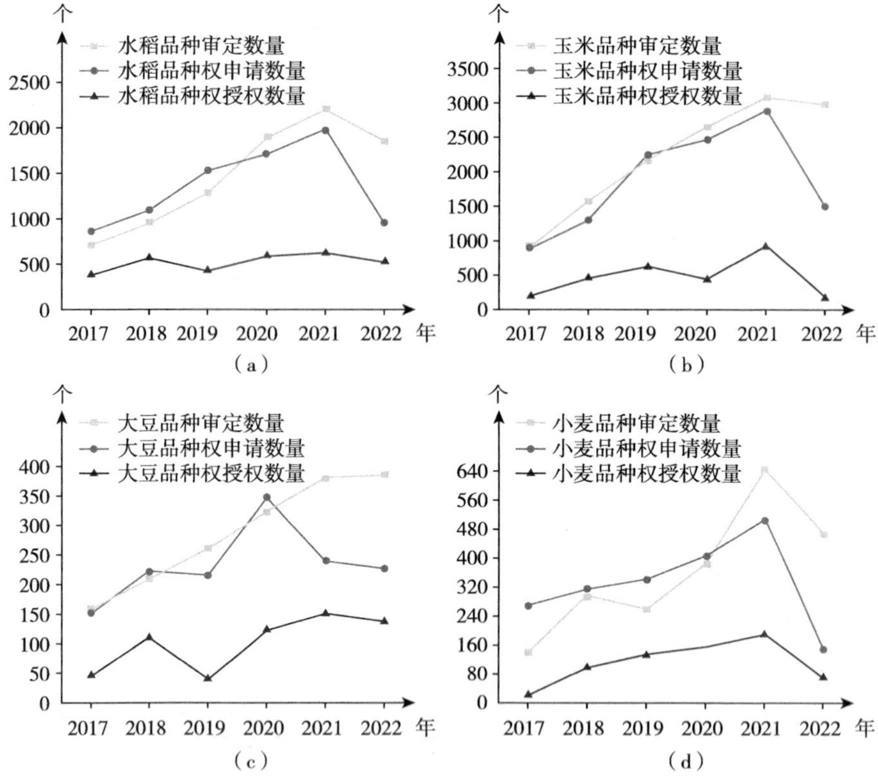

图1　主要农作物水稻、玉米、大豆和小麦品种审定、品种保护申请与授权

数据来源：种业大数据网站。

图 1 为水稻、玉米、大豆和小麦四种主要农作物的品种审定数、品种权申请数量和品种权授权数量（2022 年数量下降原因是品种权申请需要 6 个月初审时间，截至 2023 年 1 月 1 日只更新了 2022 年上半年数据）。目前，每年品种审定与品种权申请数量相差不大，但每年的品种权授权量与品种申请量、品种审定量有很大差异。这说明很多正在市场上流通的审定品种由于种种原因提交品种权申请后却不能如愿获得授权，其中最主要的原因是没有办法通过实审阶段。

上述调研情况与数据显示，大部分科研院校、企业及个人育种家等品种培育者的品种保护意识不强，对品种权申请不重视。其原因主要有以下三个方面。首先，我国植物新品种制度建立时间较晚，导致种业行业整体对植物新品种保护申请的认识比较落后。品种培育者对品种权的法律地位不了解，对品种权申请操作不熟悉。其次，品种保护的申请不具有强制性，也缺乏激励措施。由于我国主要农作物需要进行品种审定获得市场准入许可，通过品种审定才能在对应审定区域进行生产销售等商业行为，而其与品种保护机制不衔接，增加了育种人的工作量，打击了品种权申请的积极性，长期以来导致主要农作物存在“重审定，轻保护”的情况。[1] 最后，品种权授权时间相对较长。品种权申请的审核年限以玉米为例平均为 3.9 年，[2] 其他作物一般需要 3—5 年，其中要进行不少于两年的特异性、一致性和稳定性（以下简称 DUS）测试。因此，具备特异性、一致性和稳定性的品种才有机会获得品种权授权，从而拥有品种维权的可能。对于部分品种更新迭代较快或受消费者购买喜好影响较

〔1〕 参见邓岩：《国际化是中国种业发展的必由之路》，载《中国种业》2017 年第 1 期。

〔2〕 参见杨扬等：《中国玉米品种保护现状分析》，载《中国农业科学》2020 年第 6 期。

大的品种而言，如部分叶菜类蔬菜和鲜切花卉等，可能存在品种未授权就被市场淘汰的情况。最终，上述原因导致品种权申请得不到重视，育种人在关键时刻无“权”可依。

2. 品种权维权意识薄弱

品种权人一般分三类：科研单位或院校、企业及个人。首先，品种权人普遍缺乏法律素养与法律能力。科研单位或院校等非营利法人组织一般会将品种权一次性以成果转化方式许可或转让给企业，并不参与实际品种的生产经营。这些单位作为品种权人一般更加重视推广面积等社会效益，在维权方面反应并不积极。企业或个人育种家更多将精力放在生产经营上，普遍缺乏专门设立法务岗位或寻找律师合作的意识。少量品种交易与代繁合同不规范、同行竞业和农民侵权等问题容易被品种权人忽视。其次，品种权维权成本过高，导致权利人维权积极性不强。维权成本高体现在维权周期长、证据收集困难、判决金额低等。“侵权易，维权难”成为打击品种权人维权信心的关键。最后，种子行业圈子小，同行合作较多。前期品种交易主要依靠品种权人与受让人之间的信任，导致品种权人不愿意维权。不少公司更愿意息事宁人，不愿意牵扯官司。农业种业从业者在学习上处于被动状态，法律意识不强，一般情况下不会主动学习法律知识。

（二）维权证据固定困难

1. 侵权制种地查找困难

（1）侵权制种地发现困难。

制种地的主要特征是隐蔽难以发现、制种点分散、单一制种面积小、制种总面积大及小面积插花式种植在不同区域。因此，在维权过程中找到侵权品种的制种种植地非常困难。尽管目前委托制种需要向当地县级农业农村主管部门进行备案，但由于制种具体信息涉及商业机密，因此种子生产经营备案平台的数据不对外公布，无法进行查询。

能发现制种地的时间窗口期短为维权取证增加了难度。制种地的发现随着农作物的种植特性与种植时间的变化而变化，以玉米为例，需要等待侵权品种的父母本种植一段时间后，基本等到抽穗期才可看出品种特征。要在品种特征明显后收获种子前及时进行证据固定，这一期间一般有两三个月。尤其是对于亲本侵权的案件，发现制种地在维权过程中是很必要的。田间取证更需要专业的调查员在农作物具有品种特征分辨能力后迅速采取行动，进行公证和举报，一旦延迟就容易错过取证时间。更多时候只要在一个地块完成举报或公证，就会使其他侵权制种地提高警惕，对其他调查取证人员进行防范，他们甚至会提前销毁证据。因此，维权行动需要快速找到制种地并固定证据，与时间赛跑。

（2）制种信息真实性存疑。

《种子法》《农作物种子生产经营许可管理办法》明确要求种子生产经营需要进行备案。备案信息包括提交制种品种名称、种植地点、面积和委托制种合同等。但是，在实际备案工作中存在不少问题，例如，制种人备案时在种植地点和面积上提供虚假信息甚至不备案。备案属于告知行为，并非行政许可，经营户和制种户备案不积极、备案信息填写不准确和备案内容不实等行为往往会影响维权行动。填报的品种与实际经营的品种个数不同、名称不同和实际进货量不同等情况时有发生。在填报缺乏监督、农业行政执法检查压力大、审查人员不足的情况下，种子生产经营备案的信息与上报数据是否准确无法全面核查。因此，种子备案系统数据不能完整反映生产销售情况。

2. 侵权主体确定困难

（1）种子销售商身份确认困难。

受我国长期以来的传统农耕文化影响，商品种子很多时候由当地合作社或种子公司统一供种，种子自由贸易发展时间较短，目前仍然存在自留种的串换和少量出售交易的情况。在农村，当地小店小贩和杂货铺兼售种子，赶集流动摊贩、四处流动的种子销售车等也在销售种子。上述店铺往往没有种子经营许可证，甚至没有营业执照。在商贩流动量大、无经营实体的情况下，往往很难追溯侵权主体。

（2）侵权种子生产经营主体确定困难。

经营主体确定困难主要存在两种情况。第一种情况，无标识标签包装销售的种子、散装种子无法确认经营主体。第二种情况，侵权种子的外包装信息不完整导致追溯生产主体十分困难。

销售信息完全空白的无标识标签包装销售的种子、散装侵权种子导致维权工作无法溯源。由于无标识标签包装销售的种子、散装种子生产成本低、价格低，私下交易量大，利润相对高，较常供应给合作社、家庭农场和现代化农场等用种规模大，且在长期合作中产生了相互信任的新型农业经营主体。由于双方私下交易，维权调查者很难发现线索。笔者在维权过程中发现，有不少经营主体的种子商铺存在知法犯法的情况，将无标识标签包装销售的种子、散种

“藏起来卖”只卖给熟人和本地人。尽管近年来随着打击假种劣种的司法行动的增加，销售空白包装、包装不规范种子的情况逐渐减少，但部分店面仍然存在知法犯法、知假卖假的情况。

包装标注信息不全的情况时有发生。在包装信息方面，粘贴其他品种标签、信息不实、信息缺失和许诺销售等问题普遍存在。商品名与实际品种名不符、“一品多名”和检验检疫号等缺失情况时有发生。调研过程中，种子包装袋主要存在以下几类情况。第一类为“无名”种子。线上线下都同时出现了品种简单称为“超甜玉米”“水果玉米”“黑玉米”等并未出现真正品种名的种子，更没有标注审定号。销售此类种子应该认定为销售未经审定的“假种子”。在线上购买链接中，不少此类“无名”种子的销量成交数还超过 10 万件。第二类为包装信息缺失。常见情形为部分信息缺失，甚至没有生产商名字、地址等信息。不少侵权种子包装袋缺失生产经营者信息，或者使用不存在的公司名字及地址。笔者在调研过程中购买到的玉米商品种子，有的包装的生产厂家信息甚至标注为“销售地址：种子市场”。有人还将侵权种子包装设计为全英文包装，用假的公司名称与地址，以国外进口种子的名义欺骗消费者。第三类为“一品多名”。种子包装应该正确标注种子生产经营者信息，不可出现一品多名的情况。尤其像蔬菜种子这类种类多、种植面积小的作物，品种“一品多名”情况严重，甚至单一品种同时被 50 家公司同时使用。

由于包装信息不全，难以找到生产经营者，维权工作的难度大大增加。要从销售端通过调查溯源到生产经营者的难度大大加大。因此，大量的包装不规范给维权造成了诸多不便。

3. 销售物性质认定困难

由于目前《种子法》中所称“种子”是指农作物和林木的种植材料或者繁殖材料，因此收获材料、商品粮不在该法的保护范围内。维权过程中需要维权人证明生产销售的物品是否为“繁殖材料”。2019年，最高人民法院审结蔡某诉“三红蜜柚”收获材料侵权案，该案关于“繁殖材料”的认定问题引起业界广泛讨论。由于取证物品为超市销售的柚子，柚子果实并不具备繁殖能力，法院认定该行为是销售收获材料，并非销售繁殖材料，该案不存在侵权事实。在江苏明天种业科技股份有限公司诉响水金满仓种业有限公司侵害植物新品种权纠纷一案中，所涉侵权植物体是具有繁殖材料与收获材料双重属性的常规小麦，被诉侵权人以取证植物体为商品粮并非繁殖材料为由进行抗辩。不同作物的特性导致不同植物体甚至同一植物体不同部分的使用途径不同，但也存在同一材料既是繁殖材料又是收获材料的情况。而如何定义“繁殖材料”却存在一定的困难，尤其在常规作物（常规水稻、常规小麦、花生等）、观赏苗木中，找到繁殖材料并证明其为繁殖材料既增加了原告的举证责任，也增加了维权的难度。

4. 销售行为认定困难

侵权行为的构成要件之一为是否“为商业目的”使用。是否存在销售行为往往是确定侵权行为非常重要的参考，尤其在侵权损害赔偿数额的确认上起决定性作用。

在证明种子存在销售行为，是否为商品种子上存在困难。首先，收款方并非实际销售者或经营主体，多为个人收款，难以确认收款人身份。其次，种子店极少开具相关小票、发票或收据。与商超购物不同，这类种子交易发生地点多为小门店、集市等，没有开收据或发票等习惯。线下店铺消费者大多为固定的当地熟客农民，一般陌生面孔难以从种子商手上买到种子。结合现在商家很多时候通过电商等方式进行销售，物流系统比较成熟，商品种子的维权时间只有作物种植季节播种前的十几天，留给市场维权固定证据的时间十分短暂，增加了维权的难度。

要证明自留种是否存在销售行为同样也存在困难。农民自留种特权有其适用范围，但对于经济水平和文化水平不高的农民而言，他们对法律的了解程度不高，也禁不住诱惑，容易以身试法，将自留种进行售卖。由于种子交易信息隐蔽，淘宝、微信、微博和抖音等各种互联网平台又为农业活动提供了新的传播途径，使其宣传推广更方便快捷。农民自留种一般不在直播平台等交易平台上交易，而是直接进行网络私信交易。例如，在周某与扶余市农业局等处罚及行政复议案中，买卖双方在微信上进行自留种交易，周某在微信上多次贩卖自留花生种子给多名农民，属于违法行为。若不是因品种质量问题被受害人举报，此类案件较难被发现，也难以证明其有销售行为。又如，在江苏金地种业科技有限公司诉江苏亲耕田农业产业发展有限公司植物新品种权纠纷一案中，江苏亲耕田农业产业发展有限公司以线上宣传方式整合资源销售“白皮袋”自留种，以“农民自留种”名义掩护侵权行为，其私下议价并约定交货方式、地点等行为十分隐蔽。

（三）检测鉴定存在不足

1. 标准样品来源不规范

标准样品是维权检测鉴定中的重要对象。在检测品种是否侵权时，需要进行标准样品对比，即将两个品种进行真实性对比。农业农村部建立全国统一的农作物品种标准样品库（以下简称国家标样库），负责接收与保存繁殖材料并存放已经授权的植物新品种种子材料。如果该品种出现纠纷，需要将原品种与疑似品种与标准样进行比对。但并非所有授权品种的标准样品都被保存和有效监管。一些小作物、部分果树和观赏花卉林木等并没有统一保存繁殖材料的地点或品种资源圃。针对果树等无性繁殖作物的标样问题，如何自证标准样品的合法来源也成了难题。在四川陶然农业科技发展有限公司“中柑所 5 号”诉叶某某侵害植物新品种权一案中，法院认为维权检测对比中的标准样品应当来自作为授权机关的农业农村部品种保护办公室，而不能由培育人提供。但果树等繁殖材料不具备种子寄送条件的，均为现场考察授权，植物新品种保护办公室并未保存无性繁殖材料。授予品种权的品种母树并未有清晰的已授权品种的标记。品种权人也并非必须提交无性繁殖材料，只是在提出品种权申请时应当向指定的 DUS 测试中心提交无性繁殖证明。但测试中心并没有保存材料的工作职责，因此无性繁殖材料标准样品的保存机制比较模糊。果树并不能容易地迁移到统一地点保藏，一些特色作物（如岭南特色作物龙眼、荔枝等）对生存条件具有特定的气候和地理环境要求。但并非所有作物都具有国家自然资源品种圃，此类作物更多为品种权人保存。因此，自证无性繁殖材料的标准样品则成了维权难点。

2. 检测标准不全

（1）分子检测标准不全。

目前，对于侵害品种权纠纷案件一般使用 DNA 分子标记检测方法鉴定植物体之间的真实性。在维权检测鉴定中，较为常见的方式是运用 SSR 或 SNP 分子检测技术将疑似侵权的待测样品与品种权标准样品进行位点检测。

尽管 SSR 或 SNP 分子检测技术在判断品种同一性方面已非常成熟，但在目前仅有 3 项分子标记鉴定国家标准、44 项 SSR 分子标记行业标准和 5 项 SNP 标记法行业标准的情况下，[1] 无法应对目前被列入我国保护名录的 484 个植物属（种）。因此，尽快建立各个属种的 SSR 分子标记行业标准十分重要。

（2）亲子鉴定标准缺失。

亲本作为重要的商业秘密材料，是品种选育的基础材料。一个骨干亲本可以育成不同优良品种抢占市场，甚至带来持续十年的收益。因此，亲本的品种权尤为重要，同时亲本作为商业秘密具有不可获得性。但如何界定亲子关系，目前仍然没有相关标准。如在荆州市恒彩农业科技有限公司诉甘肃金盛源农业科技有限公司一案中，侵权品种涉及未经授权进行杂交种制种，但在对侵权的父本母本进行亲子鉴定时，即使排除亲子关系位点数为 0，但由于没有标准，仍不能确定检测亲本是唯一确定的亲本。四川台沃种业有限公司诉情缘农业科技推广服务中心侵害“粤禾丝苗”品种权一案明确，目前使用未经许可的品种进行品种研发、配组筛选、参加区试、申请审定、申请品种权属于科研豁免的情况；只要不存在生产、繁殖、销售等商业行为即为合法。无亲子鉴定标准以及通过科研豁免进行品

---

〔1〕 参见周翔等：《〈关于审理侵害植物新品种权纠纷案件具体应用法律问题的若干规定（二）〉的理解与适用》，载《人民司法》2021 年第 28 期。

种保护的情况，阻碍了种质资源的开放交换。目前，我国正处在育种攻坚时期，亲本材料的互相交换、配组和研发能激发育种活力，但在法律制度和行业标准未配备齐全的情况下，亲本维权困难、使用许可费用收取困难等问题，导致育种人对亲本材料的许可配组信心不足。

3. 检测鉴定机构不足

我国目前没有设立针对品种权的鉴定机构，品种权人进行品种间的 DNA 分子检测需要委托检测机构进行。但检测机构容易出现超资质检测、超范围检测和乱用认证标志等乱象，目前一般采纳具有认证资质的检测机构出具的检测报告作为证据。检测机构需要经过农作物种子质量检验机构考核获得 CASL 认证和 CMA 认证。但具有 CASL 认证与 CMA 认证资质的机构数量少，维权过程中检测样本量大导致检测费用较高，机构选择与价格不能满足品种权人的维权需求。农业农村部首批 20 家种业打假维权检验机构推荐名单中，针对 DNA 指纹检测项目范围，大部分的检化验机构仅能针对个别作物（水稻、玉米、辣椒和向日葵等）进行真实性 SSR 检测，并未覆盖 44 项行业检测标准，其他作物的 SSR 检测仍然未纳入其中，即表示除了机构所示的部分作物外，其他作物即使按照行业标准进行了 SSR 检测仍不能提供 CASL 认证报告。其他品种检测只能委托普通种子质量检验机构检测加盖检测企业公章，其说服力就会减弱。以没有资质的检测机构出具的报告作为证据的案件，一般会对检测报告可信度提出异议并要求重新进行司法鉴定。重新鉴定影响了案件进度，不利于案件审判。

四、种业振兴背景下植物新品种维权制度的完善建议

（一）提高品种保护意识

1. 提高品种权申请意识

提高品种权申请意识，让更多的优良新品种获得品种权。提高品种权申请意识可以从以下几个方面着手。

首先，从政策上予以品种保护申请与授权的支持。例如，海南省启动 2022 年品种权资助项目申报，对农业农村部授予的新品种每件资助 10 万元；福建省对获得草本和木本花卉品种授权的予以每件 10 万元和 20 万元的奖励；内蒙古鄂尔多斯市和巴彦淖尔市分别对新获得品种权证书的品种权人一次性奖励 5 万元和 3 万元。利用政策和专项项目资助吸引育种人对品种保护的关注，吸引更多新品种按法定程序进行品种权保护申请。

其次，缩短品种权授权的时间，提高品种权人的申请积极性。加快品种审查程序，包括初审和实审。面对逐年增长的品种权申请业务，应增加相关工作人员数量。建立协审中心，协助进行品种保护申请和企业业务。如在海南省三亚市设立的全国首个农业植物新品种审查协作中心，负责本省和海外品种的协助审查，提高了相关业务的工作效率。

再次，定期开展品种保护培训班，针对科研院校、企业进行品种保护宣传培训。在从理论上进行《种子法》普法的同时，也从实务上教会育种人如何进行系统申报和品种保护申请过程中的注意事项、品种命名规则以及自主 DUS 测试学习等。每年在海南省儋州市进行的 DUS 测试培训班基本都是名额难求，与植物新品种相关知识

产权保护的论坛、课程更是备受青睐。这种类型的课程需要多办、常办、办好，满足行业的普遍需求。

最后，通过多手段普法提升公众意识。除了常规培训班外，还可以利用媒体力量对《种子法》《植物新品种保护条例》进行宣传，宣传品种权所享有的权利及其重要性。目前，针对种业开启的普法宣传类自媒体较少，有关部门应该多制作相关海报、视频，举办大型会议促进普法落实。

2. 提高品种权维权意识

提高维权意识有助于我国依法治种。提升品种权人和农民的维权意识同样可以从普法着手。

首先，有关部门应该对每年最高人民法院发布的植物新品种保护十大典型案例进行宣传。各省政府及法院可以根据辖区内法院的植物新品种保护案件的审结情况树立典型进行宣传，从而在具体的案例中深入展示《种子法》的运用，以案释法。

其次，农业部门应设置对举报侵权或提供线索行为的奖励。为严厉打击侵权行为，减少种子“套牌”情况，河南省对举报者予以1000—3000元的奖励。此类支持使品种权人和普通农民对侵权行为的举报与维权更有信心。通过激励措施可以发现隐蔽的侵权行为，动员全民维权，促进种业市场公平竞争。

最后，建立更多便捷专业的维权机构为品种权人提供服务。中国种子协会发挥协会力量组建法律服务团，为不同作物提供专业法律咨询。华南农业大学与中国种子协会等单位联合成立现代种业知识产权服务中心，为维权提供非营利式的便捷专业法律服务。维权从业者应该注重提高自身业务水平，打造专业的维权团队，培养法律种业双专业人才进行维权调查。提供多途径的专业法律服务能让品种权人及时、有效地维护自己的权益，增强品种权人维权的意识和信心。

（二）加强侵权证据固定

制种地的信息确认需要依靠各地的执法部门进行。县区部门最了解辖区内的制种情况，如制种地位置、制种品种等。因此，制种地的规范管理很大程度上依赖于各县农业林业相关部门。目前，最容易得出制种数据的是制种种植区域备案信息。严查私自生产种子未备案和备案信息不准确等行为。探索更好的信息公示模式用于查询制种备案详情，为维权提供便利。可以探索新的信息公示机制，在隐去涉及企业经营商业秘密的关键信息后将制种地点与面积数据公布，有效减少制种地隐蔽等情况，让制种地信息接受社会监督。如有不同情况，可向有关农业部门举报投诉。

侵权主体主要包括销售者、生产经营者和代繁殖制种户。针对侵权主体，应严查《种子生产经营许可证》，对不持证经营的门店下狠心治理。对售卖无标识标签包装销售的种子、散装种子及产品包装上生产厂家信息不全的销售者进行依法查处，执法部门应该顺藤摸瓜找到假种劣种源头。在就地取证、就地执法的情况下，执法部门要减少区域保护。执法机关应该配合维权者获取侵权农户信息和土地归属信息、土地流转信息。种子包装袋需要包含品种名、生产经营者名称、地址、重量、生产日期、适宜种植地区和检验检疫证明等信息。对包装信息不完整的种子，执法部门应该严厉查处，责令商贩整改。

对于销售物的性质的认定，主要是确认其为繁殖材料。具体为是否为活体，是否具有繁殖能力，繁殖出的新个体是否是原品种。[1] 消费者在购买常规种时，尽量保存证据证明其为种子并非收获材料。例如，在收货单、支付证明中备注其为种子等。种子在发芽率、含水量等指标上与收获材料有所不同，销售价格也更高。在果树类的取证中，需要针对无性繁殖材料进行取证而并非果实，其中包括树苗、瓶苗等。可以通过购买价格、纯度、发芽率和含水量等指标进一步推测证明植物体为繁殖材料。

对于销售行为的确认，建设专业的维权队伍和取证队伍是侵权证据收集的关键。保留购买种子如自留种的聊天记录、电话录音、转账记录和标注好“购买种子”等备注说明十分重要。在自留种的销售行为认定上，有关部门要注意是否存在自繁自用用种量超出其土地承包经营合同约定的情形。在保留证据时，可运用微信聊天记录、录音、录像及照片辅助证明侵权主观性。

（三）完善检测鉴定

1. 规范标准样来源

健全标准样保存制度，由国家标样库统一保存标准样品，既能保护种质资源，也能提高标准样品的公信力。

首先，建立更完善的标准样保存制度。针对果树等无法寄送繁殖材料并且需要现场鉴定才能完成实质性审查的作物，更多采用就地保存方式，但针对授权母树可以用多种方式加以确认。例如，

---

〔1〕参见周翔等：《〈关于审理侵害植物新品种权纠纷案件具体应用法律问题的若干规定（二）〉的理解与适用》，载《人民司法》2021 年第 28 期。

授权单位应该在授权母树上进行具体位置信息记录，在品种权证书上记录该母树的经纬度，并加上园圃中第几行第几株等辅助位置描述，以为后续母树提供确定的文字信息。相关部门可以探索树木授牌方式，如在树干或者其他位置设置不影响树木发展的不易拆卸的标记标牌，并标记不可复制的编码信息，以辅助确定标准样品来源。

其次，建立更多自然资源品种圃。特色作物、果树和无性繁殖材料的保存更多依托国家自然资源品种圃，但并非所有作物都有自然资源品种圃。因此，在主要农作物标准样品储存较为完善时，更要注意林木果树、无性繁殖材料这种具有特异要求的标样存储问题。对在国家品种保护名录内的种属，应该成立种质资源圃，尽可能扩大保护范围，以恰当保存繁殖材料。

最后，无性繁殖材料的保存应该由明确的机构负责。针对完成DUS测试后的材料，测试中心应负有保存责任。或探索其他路径，如发挥行业协会作用或建立第三方保存机构。在建立国家标样库的同时，也可以以多种方式保存标准样品。

2. 构建检测标准

尽快建立主要品种的分子指纹图谱数据库系统，把受保护品种、审定和登记标准样品的SSR和SNP指纹图谱数据集中起来，搭建服务国内种业的分子标记公共服务平台。鼓励更多在国家植物新品种保护名录内的作物属种建立基因指纹图谱库，以便于通过SSR、SNP等技术快速作出侵权初步判断。通过依靠指纹图谱、召开行业专家研讨会等方式，定制各类作物的各项国家标准、行业标准。目前仅有的行业标准不能满足市场需求。这属于种业知识产权保护制度中的重要内容，涉及侵权行为的定性问题。

加快建立亲子鉴定检测标准，填补亲本材料侵权标准的空白。开发探索 InDel 亲子鉴定标记方法，以玉米为先建立成熟的亲子鉴定检测标准。探索其他作物的亲子鉴定方式，从而推动亲子鉴定行业标准的出台。

3. 增加鉴定机构

在绝大多数品种权案件中，法院将有关测试机构的鉴定意见作为侵权认定的主要依据。测试报告的鉴定结果是确认侵权事实的基础。加快建设具有农业农村部 CASL 认证和 CMA 认证的检测中心，解决检测机构少的问题。同时，建立农作物侵权损害赔偿类价格鉴定评估机构。知识产权价值评估能通过科学的评估方法衡量和确定知识产权的真正价值，为各类知识产权活动提供量化的依据，这对于企业、科研机构乃至国家经济的可持续性发展都具有重要的作用。因违法行为造成公私财产的损失，可通过许可、转让、拍卖、抵押等作价，而品种权资产评估中的交易有所不同，当下的涉农林侵权案件作价缺乏上述类型行为的行业标准。[1] 目前，案件作价主要以办案部门内部技术勘察资料，或以体系内部（如种子管理站）出具的无资质鉴定报告为主，司法鉴定的专业性和严肃性严重缺失，难以落实客观、公平、正义的司法准则。对于品种权侵权案件而言，侵权损害价格鉴定是一项基础性工作，相对客观、准确的评估是进行科学决策的重要依据，也有助于法院对侵权金额作出裁判，促进品种权司法体系向好发展。目前，在植物新品种案件的审理中，法

〔1〕 参见姚占春等：《涉林案件司法技术鉴定作价思路及若干方法》，载《现代农业研究》2019 年第 10 期。

官的自由裁量权过大，品种价值和侵权损害赔偿金额难以确定。因此，相关司法鉴定机构的完善十分重要。

五、展望

伴随经济全球化的推进和农业生物技术的快速发展，国际交易对植物新品种权保护要求升高，全球范围内的育种技术与种质资源交易要求我国建立更加全面的种业知识产权保护体系。[1]

如今，简单的初级农产品交易并不能满足国际市场需求，各国之间合理合法的种质资源交换共享对育种创新有巨大激励作用。我国品种需要探索“走出去”机制，包括在国外申请品种权、整合全球资源育种、育种成果向海外推广等。[2] 完善的维权机制对促进品种权的国际交易以及品种和种质资源的引进、出口有巨大帮助。通过知识产权维护，对引进的品种进行区域配组、研发等多方面的许可约束维护；对出口的品种同时进行国外的许可范围认定，以便发生侵权情况发生时进行保护。面对各种各样的侵权类型和侵权行为，现有的法律、条例、司法解释和行业标准仍然无法应对。我国应持续加大对种业知识产权的重视，完善法律体制，扶持相关企业，体现出依法治种的决心。实现种业振兴，打造种业强国需要每代人的努力。要成为种业强国，需要在规范国内种业市场的同时，放眼国际，做好种业振兴国际化战略布局，树立良好的国际形象。重视知

[1] 参见周绪晨、宋敏：《中国植物新品种保护事业国际化发展研究》，载《中国软科学》2019 年第 1 期。

[2] 参见邓岩：《国际化是中国种业发展的必由之路》，载《中国种业》2017 年第 1 期；陈超、张明杨等：《我国植物新品种权走出去战略探析——基于 UPOV 国际发展和竞争动向的视角》，载《中国软科学》2011 年第 10 期。

识产权保护，完善植物新品种保护制度，建立完善可行的维权机制，严厉打击侵权行为，做好典型案例的宣传，显示出我国整顿种业侵权造假风气、打击“山寨”支持“原创”的决心，树立了“中国种子中国创造”的形象。

植物新品种权司法保护的现状考察与发展进路

——基于1019份裁判文书的实证分析

杨晓杰[*]　林　炀[**]

摘　要：植物新品种权是保护品种权人权益、促进农业经济发展的重要知识产权，我国自1997年先后发布植物新品种权的行政法规、司法解释及部门规章，在20多年内逐步建立起具有中国特色的植物新品种保护体系。但相较于国外，我国植物新品种权发展较晚，相关法律法规尚待完善，司法实践中原告主体资格认定标准不明、侵权行为认定存在争议和免责事由适用标准不一等问题依然存在。在此现状下，明确利害关系人标准，统一“商业目的”的解释范围并将在先使用原则以立法形式纳入植物新品种权免责事由，能够破除上述诉讼主体、行为、免责事由等层面的司法保护障碍。

关键词：植物新品种权　原告主体资格　商业目的　在先使用原则

---

* 杨晓杰，暨南大学法学院硕士研究生。

** 林炀，华南农业大学人文与法学学院本科生。

一、引言

1997 年 3 月，我国颁布第一部保护植物新品种权的法规《植物新品种保护条例》，自此，我国的植物新品种保护制度开始建立。植物新品种权司法保护，一方面有利于保护品种权人的利益，以激发品种权人研究的积极性，进而促进植物新品种的商业化发展；另一方面也在一定程度上影响着现代农业生产战略以及知识产权强国战略的实现。本文通过对 2018—2022 年植物新品种权的司法案例进行实证研究，总结其在司法实践中产生的问题，并参考域外保护经验，提出我国植物新品种权司法保护的完善途径，以期为我国植物新品种权的发展和完善提供借鉴与参考。

二、植物新品种权司法保护的规范梳理

我国对于植物新品种的保护起步较晚，欧美一些国家在 20 世纪初开始探索植物新品种相关知识产权保护制度，在六七十年代已基本建立系统的保护制度，而我国直到 20 世纪 80 年代还没有植物新品种的相关法律法规或部门规章。20 世纪 90 年代，受国际贸易和中国加入世界贸易组织（World Trade Organization）的影响，国务院于 1997 年 3 月 20 日发布《植物新品种保护条例》，该条例首次对我国植物新品种权的申请、内容、归属、期限、法则等作出全面、具体的规定，对植物新品种的培育、经营、保护等起到极大的促进作

用。至此，我国正式建立起相对系统的植物新品种权保护制度。[1]

1999年4月23日，我国正式加入《国际植物新品种保护公约》（International Union for the Protection of New Varieties of Plants，UPOV），成为其第39个成员国，并于同日开始受理全球范围内植物新品种权的申请和授权事宜。此后，我国陆续发布植物新品种权的相关部门规章及司法解释，进一步完善植物新品种保护制度。农业部、国家林业局分别于1997年和1999年发布了农业部分和林业部分两个《植物新品种保护条例实施细则》，至今累计发布了6个部门规章；最高人民法院先后发布《关于审理植物新品种纠纷案件若干问题的解释》《关于审理侵犯植物新品种权纠纷案件具体应用法律问题的若干规定》《关于审理侵犯植物新品种权纠纷案件具体应用法律问题的若干规定（二）》三个关于审理植物新品种权纠纷案件的相关司法解释。其中，《关于审理侵犯植物新品种权纠纷案件具体应用法律问题的若干规定（二）》扩大了植物新品种权的保护范围，对权利用尽原则、科研例外、合法来源抗辩、侵权认定等作出了创新性的规定。[2]

从1997年发布第一个条例至今，我国逐步建立起1部法律、1个条例、3个司法解释、6个部门规章组成的具备中国特色的植物新品种保护制度（见表1），对于植物新品种权的保护收效颇丰。[3]

---

〔1〕 参见牛玲玲：《中国植物新品种育种技术专利现状及法律保护》，载《分子植物育种》2021年第20期。

〔2〕 参见周翔等：《〈关于审理侵害植物新品种权纠纷案件具体应用法律问题的若干规定（二）〉的理解与适用》，载《人民司法》2021年第20期。

〔3〕 参见杨红旗等：《植物新品种保护模式探讨及我国发展对策》，载《中国种业》2022年第7期。

表 1　涉及植物新品种权保护问题的主要规范性文件梳理

文件类型	时间①	文件名称	颁发主体
法律	2000.7	《种子法》	全国人大常委会
行政法规	1997.3	《植物新品种保护条例》	国务院
国际公约	1998.8	加入《国际植物新品种保护公约》（1978 年文本）	经全国人大常委会决定
	1999.4	加入《国际植物新品种保护公约》	
部门规章	1997.11	《植物新品种保护条例实施细则（农业部分）》	农业部
	1999.8	《植物新品种保护条例实施细则（林业部分）》	国家林业局
	2001.2	《农业部植物新品种复审委员会审理规定》	农业部
	2002.12	《农业植物新品种权侵权案件处理规定》	
	2012.3	《农业植物品种命名规定》	
	2014.8	《林业植物新品种保护行政执法办法》	国家林业局
司法解释	2001.2	《最高人民法院关于审理植物新品种纠纷案件若干问题的解释》	最高人民法院
	2007.1	《最高人民法院关于审理侵犯植物新品种权纠纷案件具体应用法律问题的若干规定》	
	2021.7	《最高人民法院关于审理侵害植物新品种权纠纷案件具体应用法律问题的若干规定（二）》	

①此栏时间为相关文件首次公布时间。

三、植物新品种权司法保护的现状考察

本文主要以1019份裁判文书为样本，对我国植物新品种权保护进行现状分析，此1019个民事或者行政案例主要来源于中国裁判文书网、Alpha法律智能操作系统等平台，时间自2018年1月1日至2022年11月18日。一方面，这1019个案例均为真实存在的案例，具有真实性和说服力；另一方面，这些案例样本丰富，各法院层级均有涉及，包括专门人民法院、基层人民法院直至最高人民法院，且地域分布广泛，覆盖全国27个省份，对我国植物新品种权保护的现状分析更具全面性。

（一）样本地域分布

在样本案例中，由最高人民法院办理的案件占比为13.44%，就省级地域分布而言，主要集中在江苏省、河南省、安徽省和甘肃省，分别占比18.06%、14.82%、42.93%、35.33%。其中，江苏省的案件量最多，达到184件。

（二）样本数量统计

从图1的年份分布可以看到，植物新品种权案例数量基本呈增长的趋势，2021年数量达到270件，在某种程度上体现了我国植物新品种权在现实生活中愈发重要，体现我国此行业从业者知识产权意识的提高。

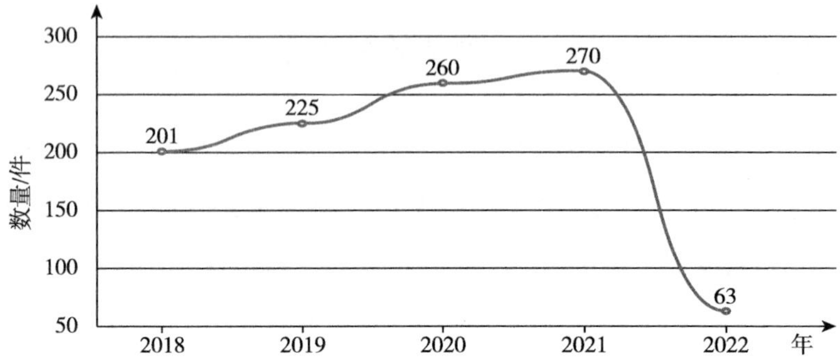

图 1　2018—2022 年植物新品种权裁判文书样本逐年数量变化

（三）样本案由分布

通过对于样本的案由统计分析可知，植物新品种权纠纷案由以知识产权权属纠纷、侵权纠纷为主，其中植物新品种权权属、侵权纠纷类案由占比较大，以下为该类案由的细化统计：最主要的案由是侵害植物新品种权纠纷，有 764 件，占一半以上；接下来依次是植物新品种权权属纠纷，有 62 件；其他植物新品种权权属、侵权纠纷，有 13 件；植物新品种申请权权属纠纷，有 7 件；植物新品种临时保护期使用费纠纷，有 5 件（见图 2）。

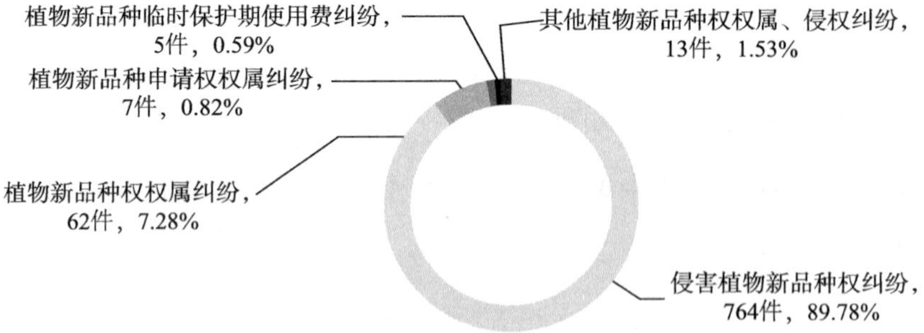

图 2　植物新品种权裁判文书样本案由分布

（四）样本行业分布

通过分析样本可知，案件的行业分布主要集中在批发和零售业（364 件），农、林、牧、渔业（253 件），科学研究和技术服务业（103 件），制造业（11 件），教育领域（6 件）以及其他行业（16 件）（见图 3）。

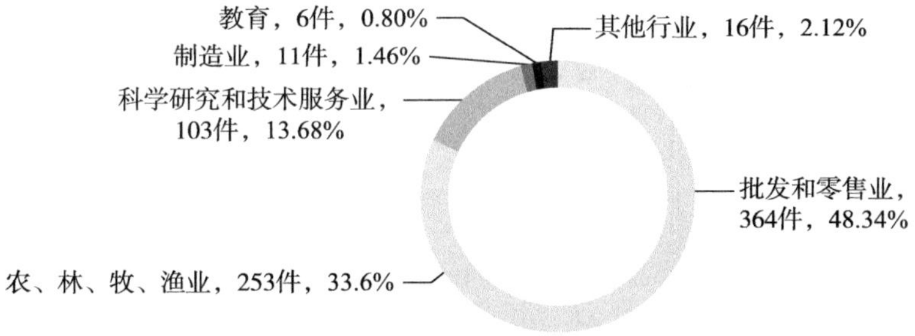

图 3　植物新品种权裁判文书样本行业分布

（五）样本程序分类

从图 4 的程序分类统计可以得出当前的审理程序分布状况，其中一审案件有 734 件，二审案件有 187 件，再审案件有 32 件，执行案件有 55 件，其他案件有 10 件。根据这些数据，可进一步推算出一审上诉率约为 25.48%。

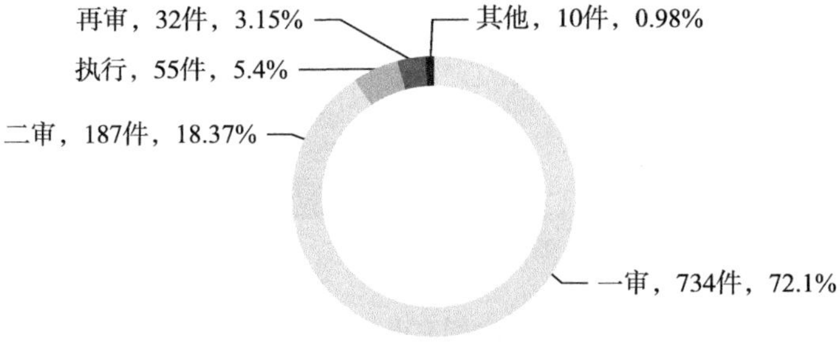

图 4　植物新品种权裁判文书样本程序分布

（六）样本裁判结果

1. 一审裁判结果

通过对一审裁判结果的可视化分析可以看到，案件中原告撤回起诉的有 446 件，法院全部/部分支持原告诉讼请求的有 161 件，其他的有 82 件，全部驳回的有 30 件，驳回起诉的有 13 件，不予受理的有 2 件（见图 5）。

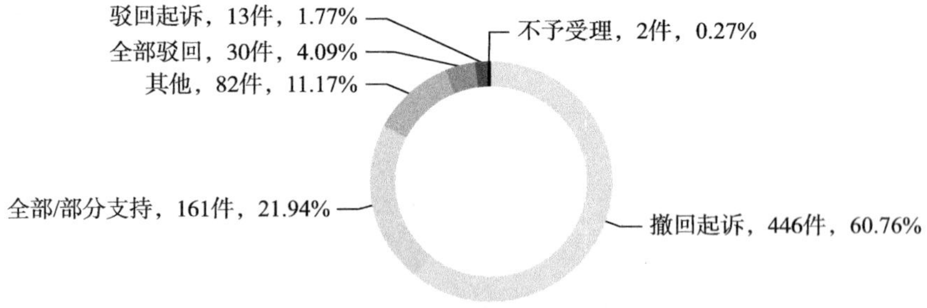

图 5　植物新品种权裁判文书样本一审裁判结果分布

2. 二审裁判结果

通过对二审裁判结果的可视化分析可以看到，案件中其他情况的案件有 68 件，维持原判的有 56 件，撤回上诉的有 27 件，改判的有 24 件，发回重审的有 12 件（见图 6）。

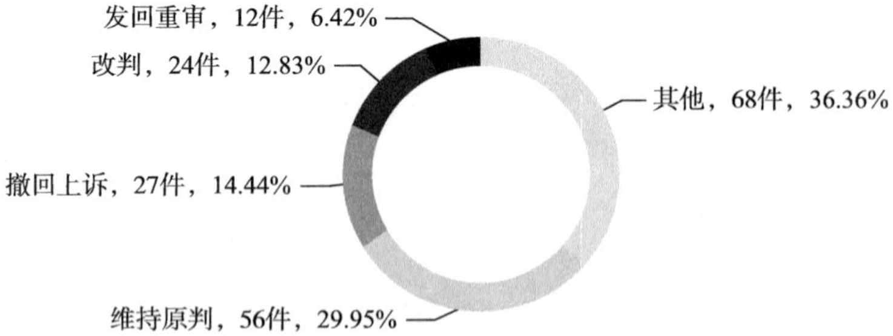

图 6　植物新品种权裁判文书样本二审裁判结果分布

3. 再审裁判结果

通过对再审裁判结果的可视化分析可以看到，案件中法院驳回再审申请的有 12 件，法院改判的有 10 件，法院提审/指令审理的有 9 件，发回重审的有 1 件（见图 7）。

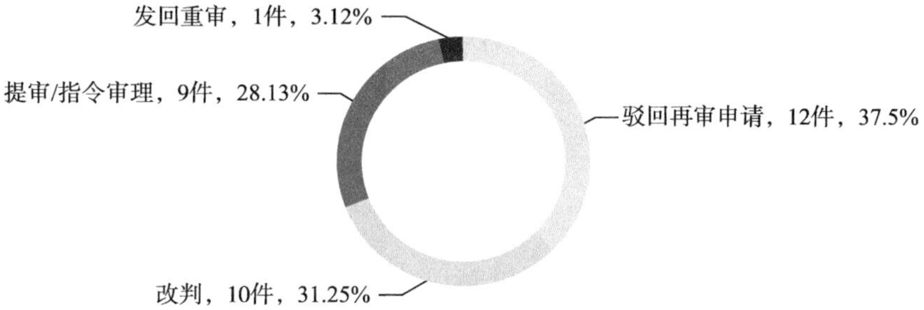

图 7　植物新品种权裁判文书样本再审裁判结果分布

（七）样本标的额分布

样本标的额的分布跨度大，标的额为 10 万元以下的案件数量最多，有 232 件，10 万元至 50 万元的案件有 219 件，50 万元至 100 万元的案件有 75 件，100 万元至 500 万元的案件有 104 件，500 万元至 1000 万元的案件有 6 件，2000 万元至 5000 万元的案件有 2 件（见图 8）。

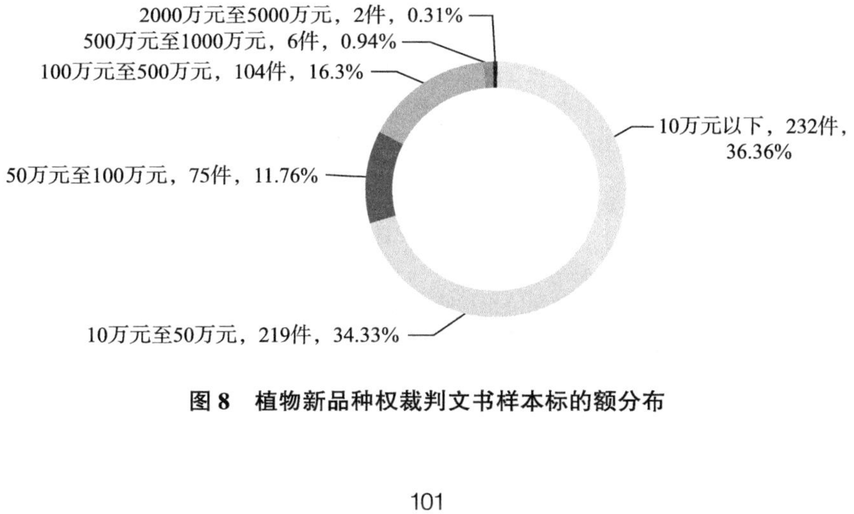

图 8　植物新品种权裁判文书样本标的额分布

（八）样本法院分布

通过对法院的可视化分析可以看到，审理案件数量由多至少的法院分别为河南省郑州市中级人民法院（148 件）、最高人民法院（137 件）、江苏省南京市中级人民法院（133 件）、安徽省合肥市中级人民法院（57 件）、山东省济南市中级人民法院（33 件）。

（九）样本高频法条

为便于了解法院司法裁判依据，本文对样本所有援引的法条进行了统计，其中，高频实体法条和高频程序法条参见表 2 和表 3。

表 2　高频实体法条名称及频次

序号	文件名称	条目数	引用频次
1	最高人民法院关于审理侵犯植物新品种权纠纷案件具体应用法律问题的若干规定	第 2 条	114
2	中华人民共和国植物新品种保护条例（2014 年修订）	第 6 条	99
3	中华人民共和国种子法（2015 年修订）	第 73 条	82
4	中华人民共和国种子法（2015 年修订）	第 28 条	77
5	最高人民法院关于审理侵犯植物新品种权纠纷案件具体应用法律问题的若干规定	第 6 条	64
6	最高人民法院关于审理侵犯植物新品种权纠纷案件具体应用法律问题的若干规定	第 1 条	60
7	最高人民法院关于审理侵犯植物新品种权纠纷案件具体应用法律问题的若干规定	第 2 条第 1 款	59

表 3　高频程序法条名称及频次

序号	法规名称	条款号	引用频次
1	民事诉讼法（2017 年修正）	第 145 条第 1 款	381
2	民事诉讼法（2017 年修正）	第 253 条	157
3	民事诉讼法（2017 年修正）	第 154 条第 1 款	136
4	民事诉讼法（2017 年修正）	第 64 条	89
5	民事诉讼法（2017 年修正）	第 170 条第 1 款	86
6	民事诉讼法（2017 年修正）	第 189 条	46
7	民事诉讼法（2017 年修正）	第 144 条	33
8	民事诉讼法（2017 年修正）	第 13 条第 2 款	33

四、植物新品种权司法保护的实践困境

通过对 2018 年 1 月 1 日至 2022 年 11 月 18 日共 1019 篇裁判文书进行检索分析可知，随着我国农业经济的迅速发展，植物新品种权侵权案件数量呈现逐年增长的趋势，而其司法裁判情况也存在诸多争议，主要体现在以下几个方面：一是主体方面对原告资格认定标准模糊、利害关系人认定标准不明；二是在司法实践对侵权行为的认定中，各法院对于是否存在商业目的的判断标准存在争议；三是对于在先使用原则能否作为免责事由适用于植物新品种权，司法实践中存在分歧。

（一）原告主体资格认定标准不明

我国《民事诉讼法》明确规定起诉必须满足主体适格的条件，只有与本案有直接利害关系的公民、法人和其他组织才能成为适格

主体，[1] 否则法院将不予受理或者驳回起诉。笔者通过分析上述样本发现，近年来植物新品种侵权案件的数量不断增加，而以“诉讼主体是否适格”为争议焦点的案件平均占比达到10%以上，其中2018年达到了16%，2019年及2022年的案例占比达到了12%，且有50%以上的案件属于二审、再审案件，双方对于原告是否享有诉权有较大的分歧，可见对于诉讼主体是否适格的问题仍然存在较大的争议。而造成主体资格认定争议的原因主要为司法实践中对于利害关系人的认定标准不明晰。[2]

从孔某根、杨某侵害植物新品种权纠纷一案来看，该案件在一审和二审的争议焦点都涉及河南省宏丰高科种业有限公司（以下简称宏丰公司）是否为该植物新品种权的利害关系人，是否能够作为本案的适格诉讼主体。本案被告述称北京中农丰联科技发展有限公司（以下简称中农公司）、宏丰公司均未有该品种在山东区域的授权，且并未对引种的品种和区域在山东省进行备案，宏丰公司并非“中黄13”植物品种的利害关系人，不具备适格主体身份。案中，“中黄13”大豆种子的原品种权人为作物研究所，作物研究所将该品种的生产经营权独家转给中农公司，而宏丰公司又取得中农公司对该品种权的授权，享有相关区域内的生产繁殖权和销售经营权。最高人民法院认为，在该案件中，品种权人与中农、宏丰公司关于植物新品种权的转让合同为双方真实意思表示，合同合法有效，宏

[1] 根据《民事诉讼法》第122条，起诉必须符合下列条件：（1）原告是与本案有直接利害关系的公民、法人和其他组织；（2）有明确的被告；（3）有具体的诉讼请求和事实、理由；（4）属于人民法院受理民事诉讼的范围和受诉人民法院管辖。

[2] 参见武晓静：《植物新品种权司法保护研究》，吉林大学2021年硕士学位论文。

丰公司已获得明确授权，为本案利害关系人。且即使宏丰公司未在山东区域进行审定，但品种审定及引种备案的管理措施并非对品种权人独占权的限制，他人在该区域使用销售的行为仍然侵害了品种权人的独占权，故宏丰公司具备诉讼主体资格。[1]

该案件在植物新品种侵权的案件中较为典型，对于研究以“诉讼主体是否适格”为争议焦点的案件具有代表性。在此类型案件中，植物新品种权的品种权人往往是具有专业知识的研究院，但研究员或者技术人员等品种权人通常不具备将该品种进行大规模培育、生产销售的能力，为了使该品种能够得到进一步推广，常通过合同转让的形式将该品种权转让给其他公司。因此，当出现多重转让、转让后未登记、授权后未在一定区域进行引种备案等情况时，若有第三人侵害该植物新品种权，受让人想要进行诉讼维权，对于受让人是否为利害关系人、是否具备诉讼主体资格则存在争议。

（二）侵权行为认定存在争议

对于侵权行为的认定是植物新品种权诉讼之中的重要一环，在植物新品种权侵权案件中，侵权行为主要有以下两种形式：一是未经品种权人许可，以商业目的生产销售该品种的繁殖材料，或者将该品种的繁殖材料重复生产另一品种的繁殖材料；二是侵权人以非授权品种的繁殖材料，假冒某种已授权的繁殖材料。其中，上述样本数据分析表明：前一侵权行为即“商业目的”的侵权认定在司法实践中呈现各法院解释范围不一的混乱局面（见表4）。

---

〔1〕参见河南省宏丰高科种业有限公司诉孔某根、杨某案，最高人民法院民事判决书，（2020）最高法知民终290号。

表 4　植物新品种权涉及商业目的的侵权案件数量及占比

审结年份	植物新品种权案件数量/件	侵权认定中涉及商业目的的案件数量/件	占比/%
2018	201	50	24
2019	225	46	20
2020	260	52	20
2021	270	30	11
2022	63	17	26

《最高人民法院关于审理侵犯植物新品种权纠纷案件具体应用法律问题的若干规定》第 2 条对于植物新品种权中的“商业目的”侵权应当具备三个要素具有明确规定：一是未经授权；二是具备商业目的；三是生产或销售繁殖材料或重复适用于生产另一品种。但是，司法实践中对于是否具备商业目的的认定仍然存在较大的争议，如陕西省高级人民法院认为，具备进行商业生产、繁殖的准备，例如，伪造授权委托书或者生产经营许可证的行为无法认定为具有商业目的，进行生产、销售才能认定为具有商业目的；2018 年最高人民法院审理的“美人榆”一案中，二审法院认为，获得经济上的利益即为具有商业目的，无论提高经济效益是否为其主要目的；最高人民法院对商业目的的范围进行了限缩，认为还应当考虑其主要目的是否为销售营利，若原告无法证明被告种植涉案品种是为了进行销售盈利，即便被告获得经济利益，仍然不应视为具有商业目的，不构成侵权。

在 2019 年陕西省西安市中级人民法院审理的北京希森三号马铃薯有限公司（以下简称希森公司）与商洛市泰安农业综合开发有限

公司（以下简称泰安公司）侵害植物新品种权一案中，对于商业目的的认定是本案审判的难点，本案中，泰安公司未经希森公司授权，私自伪造希森三号马铃薯的《品种权授权证明》并获得商洛市颁发的《农作物种子生产经营许可证》，希森公司以此为由请求法院判定泰安公司侵权并要求赔偿30万元的经济损失。在一审中，法院认为泰安公司伪造授权证明并用于生产经营属于商业目的，构成对希森公司的侵权，判定其赔偿15万元。但在二审中，陕西省高级人民法院对于泰安公司的行为是否构成商业目的作出了不一样的认定，二审法院认为，泰安公司伪造授权证明的行为是进行生产或者销售前的准备行为，在希森公司没有举证泰安公司进行生产或销售的情况下，无法证明泰安公司具有商业目的，因此泰安公司不构成侵权，最终二审法院撤销一审判决并驳回希森公司的诉讼请求。一审和二审法院根据基本一致的事实、证据，对是否具备商业目的并构成侵权这一争议焦点作出了完全不同的解释，一审法院认为伪造授权证明符合具有商业目的的条件，构成侵权，而二审法院认为未正式投入生产和销售无法证明具有商业目的，不应视为侵权，可见对于商业目的的认定存在一定的争议。[1]

（三）免责事由适用标准不明

我国《商标法》和《专利法》均将在先使用原则作为免责事由。《商标法》第32条对在先使用原则作出规定：若在商标申请人申请之日前已有他人对该商标进行使用并具有一定的影响，商标申

---

〔1〕参见北京希森三号马铃薯有限公司诉商洛市泰安农业综合开发有限公司案，陕西省高级人民法院民事判决书，（2019）陕民终655号。

请人不得侵害在先使用人的在先权利，也不得对该商标进行不正当的抢先注册。《专利法》第75条第2项规定，若在申请人进行专利申请之前，他人已经开始制造相同产品、使用相同方法或者已经做好制造、使用的必要准备，在申请人被授予专利权之后，在先使用人仍然享有在先使用权，其制造、使用的行为不视为侵权，并可以在原有范围内继续制造使用。

植物新品种权作为知识产权的一种，应具备传统知识产权所有的功能，在申请人提出植物新品种权的申请之前，若有他人已经培育出该植物品种并投入使用、制造，在先使用人应当享有在先使用权，可在原范围内继续种植、培育、使用，以保护在先使用人的合法权益。然而，目前我国植物新品种权的相关法律法规仅对于在先申请原则予以规定，[1] 而对于在先使用原则能否作为免责事由适用未置可否，进而司法实践中能否以在先使用原则予以抗辩说法不一。[2]

现实中也有相关案例出现，如福建省农业科学院果树研究所（以下简称果树所）、陆某闽与卢某坤植物新品种权权属纠纷上诉一案。原告林某山于1998年在其生产果园中发现可用于培育“红肉蜜柚”植物新品种的种源，并对该自然变异品种进行了培育和大量嫁接。2003年，果树所申请该品种研究项目并获审批，且与林某山等8人签订《科技合作协议》，育种人员名单中有林某山等人，且2005

〔1〕《植物新品种保护条例》第8条规定：一个植物新品种只能授予一项品种权。两个以上的申请人分别就同一个植物新品种申请品种权的，品种权授予最先申请的人；同时申请的，品种权授予最先完成该植物新品种育种的人。

〔2〕参见王倩：《我国植物新品种权的司法保护问题研究》，安徽财经大学2017年硕士学位论文，第11-12页。

年申请的《福建省非主要农作物品种认定申请书》、2006年颁发的《福建省非主要农作物品种认定证书》中均将林某山作为选育者、主要完成者，但最终于2007年颁发的《植物新品种权证书》中，果树所、陆某闽、卢某坤被授予植物新品种权人，而最初发现该品种并参与培育过程的林某山却未获得该植物新品种权。果树所及陆某闽、卢某坤将该品种进行转让，导致林某山种植、生产的大量红肉蜜柚无法销售、亏损严重。在该案中，法院最后判决原告林某山享有“红肉蜜柚”植物新品种权，认为林某山在其果园中最先发现该自然变异品种，且在发现之后进行培育、嫁接、种植，若无法获得植物新品种权，先育种者的合法权利得不到保护，不利于提高农民、研究人员进行育种的积极性。[1]

在现实生活中，大部分的育种人是农民，他们在完成新品种的培育之后并没有及时申请植物新品种权的法律意识，而晚完成育种的人进行品种权的申请，在此情况下适用在先使用原则作为免责事由能够保护先育种者的权利。但是亦有不少法院判决和学者对此持反对意见，其原因在于我国有关植物新品种保护的行政法规及司法解释均没有规定在先使用原则，法无授权不可为，在法律没有明确规定的情况下，在先使用原则具有“法官造法”的嫌疑这一重大瑕疵。在2006年山东省高级人民法院审理的莱州市永恒国槐研究所与山东科技信息报社、王某三植物新品种权侵权纠纷一案中，二审法院就以先育种人王某三主张其享有所有权并有权进行销售的抗辩没有法律依据，不能适用在先使用原则，判决其对国槐研究所享有的

---

〔1〕 参见林某山诉福建省农业科学院果树研究所、陆某闽与卢某坤案，福建省高级人民法院（2010）闽民终字第436号民事判决书。

品种权进行销售属于侵权行为。[1]

五、植物新品种权司法保护的域外经验

（一）国际植物新品种保护模式

植物新品种权相较于其他工业知识产权发展较晚，随着技术发展和农业大规模生产的扩张，植物品种产业逐步发展起来，为进一步保护农民和育种者的权益，促进农业、林业经济发展，发达国家于20世纪初开始逐步建立起植物新品种权保护制度。[2] 德国是世界上最早进行植物新品种知识产权保护的国家，20世纪30年代，德国对人工培育的新品种授予某些专利权，于1953年出台《种子保护法》；1930年，美国颁布世界上最早的《植物专利法》，对无性繁殖培育的植物品种进行保护；1941年，荷兰颁布了保护育种者权利的《植物育种者法令》。[3]

1957年，欧洲五国签署UPOV（International Union For The Protection of New Varieties of Plants）公约，随后诸多欧美、亚非拉国家陆续加入，UPOV公约形成了1961/1972年、1978年和1991年三个文本，在国际植物新品种权保护领域具有重要的影响，目前，我国加入的是UPOV1978年文本。我国将具有商业目的作为侵犯植物新品种权侵权的认定要件，主要是受到UPOV1978年文本的影响，

[1] 参见莱州市永恒国槐研究所诉山东科技信息报社、王某三案，山东省高级人民法院（2006）鲁民三终字第51号民事判决书。

[2] 参见杨少奎：《我国植物新品种权司法保护研究》，郑州大学2020年硕士学位论文。

[3] 参见毕文停：《我国植物新品种保护实践研究》，中国农业科学院2020年硕士学位论文。

1978年文本对于植物新品种权的保护范围较为狭窄，植物新品种侵权认定必须以“商业目的”为要件，若不以销售盈利为目的则不构成侵权，认定侵权的证明责任较重。因此1991年文本对植物新品种权保护范围作出了较大的更改，删除侵权认定必须具有“商业目的”的要件，将保护范围扩大到生产、销售、进出口等领域，降低品种权人的证明责任，提高保护力度。在UPOV的78个正式成员中，有61个成员执行1991年文本，17个成员执行1978年文本，与1978年文本相较，1991年文本不仅扩大了保护范围，也对保护期限延长、保护方式扩大等进行了规定，如允许专利和专门保护“双重保护”，扩大对“品种”的定义，将农民特权规定为非强制性例外等。随着国际贸易的发展，许多发达国家及国际组织要求各成员实施更高的保护标准，我国对植物新品种的保护也需逐步向1991年文本靠近。[1]

（二）美国植物新品种保护模式

美国是世界上较早对植物新品种进行立法保护的国家，美国1930年颁布《植物专利法》，对无性繁殖的植物品种进行专利权保护；1953年颁布《实用专利法》，对符合法律规定的植物品种授予专利；1970年颁布《植物品种保护法》，将保护范围扩大到有性繁殖的植物品种。由此，美国形成专利制度和专门法叠加的双重保护的独特制度，其中专利制度可以分为植物专利和普通专利。换言之，美国植物新品种权有植物专利、普通专利和专门法保护三种途径，

---

〔1〕参见武晓静：《植物新品种权司法保护研究》，吉林大学2021年硕士学位论文。

其保护制度在世界范围内是独一无二的，同时也影响了日本、韩国等国家保护制度的建立。[1]

在管理制度上，美国采取复合保护模式，无性繁殖品种的审定需通过专利和商标局，有性繁殖品种通过农业部植物新品种保护办公室进行保护，两者隶属于不同的管理机构。在免责事由的设定上，美国作出了细致的规定，包括研究免责、居间免责、农民免责、强制许可以及我国未规定的在先使用限制。1970 年颁布的《植物品种保护法》规定：对于任何人在申请日前 1 年内所开发或者生产的植物新品种，本法所有的规定都不得侵害先完成育种者及其权利承受人的繁殖和销售该品种的权利。此条款被称为“祖父条款”，对先完成育种人的权利进行保护，同时先育种人也需承担证明先完成育种的举证责任。[2] 美国植物新品种保护制度已发展了几十年，其在植物新品种的双重保护制度、管理保护方式及品种权的限制上都作出了相对系统和完善的规定，值得我国借鉴。[3]

（三）日本植物新品种保护模式

日本是亚洲最早针对植物新品种保护制定法律的国家。1947 年，日本颁布《农产种苗法》，1952 年颁布《主要农作物种子法》。随着农业经济的快速发展，日本于 1975 年修改《特许法》，又于 1978

---

〔1〕 参见杨红旗等：《植物新品种保护模式探讨及我国发展对策》，载《中国种业》2022 年第 7 期。

〔2〕 参见牟萍：《植物品种权立法的国别政策及其成因》，载《知识产权》2006 年第 6 期。

〔3〕 参见缪宗崇：《中国植物新品种保护制度的完善思考》，载《中国农学通报》2022 年第 26 期。

年、1998年修改《农产种苗法》，将其正式更名为《种苗法》，其间经历了从UPOV1978年文本到加入UPOV1991年文本的过程。

值得一提的是，日本建立起统一的品种登记制度，植物新品种经过授权之后无须第二道程序即可进行生产、销售，在市场上流通，相较于我国需要分类别向农业农村部、国家林业和草原局提高申请登记，提高了经济效率，有利于育种者将植物品种进行生产流通。从保护对象上看，日本受UPOV1991年文本影响，其保护对象包括“农林水产植物”，而我国属于UPOV1978年文本成员，其保护对象主要包括农业和林业；同时，日本对植物新品种的保护期限相较于我国更长，日本完成登记后可以获得25年保护期限，特定植物为30年，而我国对登记授权后的植物新品种的保护期限较短，依《植物新品种保护条例》，藤本植物、林木、果树和观赏树木保护期限为20年，其他植物为15年。从免责制度的规定来看，日本规定了科研育种免责、农民自繁自用免责、权利用尽原则及在先使用权原则。日本《种苗法》规定，先完成育种者先于品种所有权人培育出性状表达方面相同或没有明显区别的植物新品种，应当享有对该品种的一般利用权，以此保护先完成育种者的权利。从日本植物新品种的保护模式来看，日本加入UPOV1991年文本，建立完善的品种登记制度，并扩大植物新品种的保护范围和期限，对免责条款进行细致的规定，这些对我国植物新品种保护制度的完善均具有一定的借鉴意义。[1]

---

〔1〕 参见李汝敏、朱文玉：《中日植物新品种法律比较研究》，载《世界林业研究》2020年第3期。

六、植物新品种权司法保护的完善路径

（一）明确利害关系人标准

原告资格问题是诉讼之基础，若不具有主体资格则诉讼也无从谈起。在植物新品种侵权案件中，对原告资格的认定标准应当结合植物新品种权的保护对象和实践情况等方面综合考量予以认定。笔者认为，植物新品种侵权诉讼对于原告资格的认定不能仅局限于"法律上利害关系"[1]，还应当考量"事实上的利害关系"。其原因在于由于该领域的特点，事实上的利害关系人的利益在很多情况下更加具有保护的意义和价值，且更有利于该权利立法原意的现实。

以上文提到的孔某根、杨某侵害植物新品种权纠纷一案为例，被告述称由于品种权人中农公司、宏丰公司双方的转让行为并未在山东区域获得授权且未对引种的品种和区域在山东省进行备案而未发生法律效力，因此宏丰公司并非"中黄 13"植物品种的利害关系人，不具备适格主体身份，但是，不管品种权人中农公司、宏丰公司双方的转让行为是否备案，其合同内容均为二者真实意思表示，都产生合法有效的合同效力，所以宏丰公司具有最为直接的"事实上的利害关系"。在此情况下，宏丰公司无事实上的利益损失不会主动维权，若仍以未备案（不具有法律上的利害关系）为由驳回原告起诉，会导致值得保护的利害关系人的权益得不到维护。因此，应当将具有"事实上的利害关系"纳入此类案件原告主体资格认定的

---

〔1〕参见李喜莲：《民事诉讼法上的"利害关系人"之界定》，载《法律科学》2012 年第 1 期。

考量之中。

（二）统一“商业目的”的解释范围

对于裁判文书的分析显示，在植物新品种侵权案件中不同法院对于是否具有商业目的的认定存在显著差异，部分法院采取了较为限缩的解释，认为“商业目的”仅是具有销售营利；而部分法院则采取了较为扩张的解释，认为经济利益增加即可认定为具有商业目的。为了解决司法裁判混乱的局面，笔者认为应当统一“商业目的”的解释范围：所有具有营利性质的行为都应当认定为具有商业目的，即在一定程度上作扩大解释。

此解释在立法层面与实践层面均具有合理性。UPOV 1991 文本作为当前全球植物新品种权领域的重要法律文本，已被 60 多个国家和地区采纳，其中对植物新品种权的保护范围作出了较大修订，删除品种权侵权认定中的“商业目的”要件，减轻了权利人对品种权侵权行为的证明责任[1]。UPOV 1991 文本及域外国家扩大植物新品种权保护范围的做法对我国有较大借鉴意义，我国现行的植物新品种权法律法规是出于与 UPOV 1978 文本对接的目的，因而参考 UPOV 1978 文本将“商业目的”作为构成植物新品种侵权的要件。相较于 UPOV 1991 文本，我国植物新品种权保护的范围较为狭窄，侵权认定要件较严格。而在实践层面，由于植物新品种易获取、易繁殖，且侵权成本低，植物新品种侵权案件层出不穷，侵权形式越来越多样化、隐蔽化，认定侵权的难度日益增长，例如以入股或商

---

〔1〕 李菊丹、陈红：《新〈种子法〉对我国植物新品种保护的积极作用与局限》，载《法学杂志》2016 年第 7 期。

业性推广的方式将繁殖材料进行交易、以繁殖材料抵销个人债权、为生产销售而伪造授权材料等[1]，而传统的以金钱交易、获得利润作为认定具有商业目的的标准显然无法回应多元化的侵权行为，若将商业目的的认定限制在“经济利益增长”“销售盈利”的范围，则会使得品种权保护范围过窄，大量私自扩繁行为难以进行侵权认定。因此，对我国商业目的解释进行一定程度的扩大有利于打击多元化的植物新品种侵权行为，减轻权利人的证明责任，从而提高对品种权的保护力度。

（三）建立在先使用制度

我国采用专门的立法模式，在先使用原则未在植物新品种领域得以明确，而直接适用《专利法》中的在先使用制度缺乏依据，而由于司法实践中在先使用原则的适用具有“法官造法”的嫌疑和瑕疵，大量植物新品种的培育人、在先购买人权利受损。为了避免此类两难情况的发生，我国应当在植物新品种相关立法中建立在先使用制度。

在构建在先使用制度的过程中，应当积极借鉴国际上的先进立法经验，如美国、日本以及印度等国。美国《植物品种保护法》中明确指出，该法项下的所有条款均不得侵犯先完成育种者及其利益继承者的销售、使用及繁殖权益，并设定了一年的权益保护期限。这一规定在主张免责抗辩时，育种者必须承担证明其先完成育种的责任，以此平衡各方利益，实现共赢的局面。日本《种苗法》以强

[1] 张俊玉：《植物新品种权保护范围研究》，安徽大学2021年硕士学位论文。

制许可条款明确先完成育种人的权利，即赋予其非独占许可使用权，以实现其合法权益。[1] 印度《植物品种保护和农民权利法》则较为重视农民权益保护，肯定农民传统种植模式和“自繁自用”的行为，且当育种人需要利用农民已有品种来创造“实质上的派生品种”时，必须事先征得农民的同意。

---

〔1〕［日］田村善之：《日本知识产权法》，知识产权出版社2011年版，第471页。

主要农作物审定品种法律保护路径探析

——基于我国主要农作物审定制度与品种保护制度的审定品种保护路径探索

阙旭强[*] 冯万伟[**]

摘　要：为了加强农作物品种管理，促进农业生产发展，我国建立了主要农作物品种审定制度。为了鼓励育种创新，保护植物新品种权，我国建立了植物新品种保护制度。主要农作物品种审定制度与植物新品种保护制度是两项并行的制度，两者在各自的轨道上为我国种业的发展保驾护航。但我国现行的《种子法》《植物新品种保护条例》等并未对已经审定的非授权品种法律保护问题进行规定，本文通过梳理我国主要农作物审定制度与植物新品种保护制度发展历程，在厘清二者关系的基础上探讨已经审定的非授权品种的法律保护路径，已经审定主要农作物品种可以申请植物新品种权保护、专利保护以及商业秘密保护等。

* 阙旭强，一知农业咨询（北京）有限公司总经理。

** 冯万伟，北京澜商律师事务所合伙人律师。

关键词： 主要农作物品种　品种审定　品种权保护　商业秘密

我国在20世纪30年代就进行了品种试验，开始了农作物品种管理工作。为了加强农作物品种管理，加速利用育种新成果，充分发挥优良品种的增产作用，促进农业生产发展，我国建立了主要农作物品种审定制度。为了鼓励育种创新，保护植物新品种权，鼓励培育和使用植物新品种，我国建立了植物新品种保护制度。主要农作物品种审定制度与植物新品种保护制度是两项并行的制度，两者在各自的轨道上为我国种业的发展保驾护航。

一、我国主要农作物品种审定制度的建立

我国是农业大国，种子是我国农业的“芯片”，品种审定是保证“芯片”良性运转的重要手段；品种审定也是品种管理链条上的重要一环，事关种业振兴全局。为了保证农作物品种在各地种植的适应性，保障农业生产用种安全，20世纪80年代，农业主管部门推出了主要农作物品种审定制度。

品种审定是国家或者省级农业行政部门的品种审定委员会根据申请人的请求对新育成的品种或新引进的品种进行区域试验鉴定，按照规定程序进行审查，决定该品种能否推广并确定其推广范围的一种行政管理措施[1]。我国的主要农作物品种审定制度大致经历了从无到有再到逐步完善的过程，可以分为以下三个阶段：

---

〔1〕 参见陈如明等：《植物品种保护与品种审定》，载《作物杂志》2005年第2期。

（一）制度探索阶段：从盲目引种到成立品种审定委员会

该阶段以1954年全国种子工作会议提出“认真进行品种区域性审定”为起点。[1] 由于此阶段尚未建立品种审定制度，我国品种推广的目的性不是很强。当时承担种子收购、调运和供应工作的是粮食、商业和供销三个部门，在调运过程中三个部门之间衔接不畅，加上农业部门缺乏经验，技术指导力度不够，又有点操之过急，大量研发培育的种子没有经过区域审定，就直接被国家和地方农业管理部门调种或者越区推广，导致不仅没有增产，反而出现大面积减产，给农业生产带来严重困扰。因此，1954年，国家制定了《推广农作物优良品种管理试行办法》《粮食、棉花、油料作物品种改良办法》，同时要求把开展评选良种活动作为加快普及良种的重要手段，做到“就地遗留，就地串换，就地繁殖，就地推广”。[2]

1981年12月22日，原农业部成立了全国农作物品种审定委员会，标志着我国国家级农作物品种审定制度建立。1982年，原农牧渔业部颁布了《全国农作物品种审定试行条例》，该条例明确了“国家和省、市、自治区分别设农作物品种审定委员会。地、县可根据需要设农作物品种审查小组”，同时，该条例也规定了报审品种应当满足的条件：经过连续2—3年的地区以上区域

---

〔1〕 中国种子协会编著：《中国农作物种业（1949—2005）》，中国农业出版社2007年版。

〔2〕 参见耿月明等：《品种审定制度要创新规范——中国种业发展问题研究之五》，载《中国种业》2009年第8期。

试验和1—2年生产试验，在试验中表现性状稳定、综合性状优良；在产量上，要求高于当地同类型的主要推广品种原种的10%以上等。从第一届品种审定委员会设立到2000年，全国共审定农作物品种66类902个，该时期的品种审定制度的结构特点是“四化一供”。[1]

（二）品种审定写进立法：实现了主要农作物品种审定制度有法可依

该阶段以2000年《种子法》的颁布为起点。2000年7月8日，全国人民代表大会常务委员会通过《种子法》，该法第15条第1款规定：“主要农作物品种和主要林木品种在推广应用前应当通过国家级或者省级审定，申请者可以直接申请省级审定或者国家级审定。由省、自治区、直辖市人民政府农业、林业行政主管部门确定的主要农作物品种和主要林木品种实行省级审定。”自此，主要农作物品种审定制度作为品种管理的主要措施和手段之一被写进法律。2000年《种子法》第74条规定：“主要农作物是指稻、小麦、玉米、棉花、大豆以及国务院农业行政主管部门和省、自治区、直辖市人民政府农业行政主管部门各自分别确定的其他一至二种农作物。”（已被修改）为进一步促进农作物品种审定的规范化，适应产业发展要求，原农业部于2001年发布了《主要农作物品种审定办法》。

[1] 参见宫国安、张宝纯：《变革品种审定制度为现代种业服务》，载《农业科技通讯》2012年第12期。

（三）主要农作物品种审定制度日臻完善：从存废之争到一锤定音

2000 年《种子法》的实施和种子市场化的进程，越来越暴露出主要农作物品种审定制度的许多弊端，制约了新品种迅速转化为生产力。我国品种审定制度也暴露出了科学性、严谨性不够，潜规则异化为权力寻租，区域性划分缺乏科学性，评价标准不明晰，品种审定时间偏长，审定速度过快、数量过多，国审、省审不协调等问题。一时间，主要农作物品种审定制度存废之争成为讨论焦点。全国人大对品种审定制度做了专题调研，征求意见中涉及品种审定的有 824 条，其中，认为应保留审定制度对其进行改革完善的有 513 条，占 62.3%；建议将审定改为登记或者取消审定制度的有 311 条，占 37.7%。[1] 2015 年修订的《种子法》从以下三个方面完善了我国主要农作物品种审定制度：

一是缩小主要农作物品种审定范围。取消 2000 年《种子法》关于国务院和省级人民政府农业行政主管部门可以分别确定 1—2 种主要农作物品种的规定，需要审定的主要农作物品种由原来的 28 种减少到 5 种，大大减少了行政审批事项。

二是将品种的特异性、一致性、稳定性测试作为品种审定的依据。规定制定审定标准应充分听取育种者、用种者、生产经营者和行业代表的意见；建立包括申请文件、审定试验数据、种子样品、专家个人审定意见和审定结论等内容的审定档案制度，规范和约束

〔1〕参见刘法钊：《品种审定制度的演变》，载微信公众号“农财网种业宝典”2019 年 4 月 19 日，https：//mp. weixin. qq. com/s/LkmGngCbLUri-GiDwoqEew。

审定机关权力行使。

三是为经认定的“育繁推一体化”种子企业开辟“绿色通道”。允许其对自主研发品种自行完成试验，但企业应对试验数据真实性负责，并建立试验数据可追溯制度，以减轻国家和省级审定压力，提高审定效率；约束品种测试、试验数据造假行为，加大处罚力度，规定取消测试、试验资格的情形；规范通过审定的主要农作物和主要林木品种的引种行为。

为了有效解决品种同质化问题，激励育种原始创新，2021 年，国家农作物品种审定委员会公布了《国家级稻品种审定标准（2021 年修订）》、《国家级玉米品种审定标准（2021 年修订）》和《国家级大豆品种审定标准（2023 年修订）》，也明确适时推进修订小麦和棉花品种审定标准，适当提高 DNA 指纹差异位点数、产量指标和抗性指标。为了严格国家和省级品种审定绿色通道及联合体试验监管，建立健全品种试验主体资质评价和退出机制，规范同一适宜生态区引种备案，依法加大审定品种撤销力度，与 2021 年修订的《种子法》相匹配，农业农村部于 2022 年修改了《主要农作物品种审定办法》，使我国主要农作物品种审定制度得到进一步完善。

二、主要农作物品种审定与植物新品种保护的异同

品种审定不仅有助于加强对农作物品种行政主管部门的管理，也可以防止因盲目推广和引进不适合区域种植的品种给生产者及农民带来经济损失。而植物新品种权由审批机关对经过人工培育的或者对发现并加以开发的野生植物的新品种的新颖性、特异性、一致性、稳定性和适当命名进行审查，对符合条件的授予植物新品种

权，否则不授予。植物新品种权是行政确权，目的是保护育种人的权利，鼓励权利人培育和使用植物新品种，鼓励权利人创新。

（一）主要农作物品种审定和植物新品种保护的相同之处

二者的相同之处主要体现在以下五个方面：

一是二者在启动程序上都具有被动性。无论是主要农作物品种审定还是品种保护都依据申请者主动向管理机构提出申请而启动审查程序，管理机构不会主动启动审查程序。

二是二者审查程序上都是由管理机构按规定程序予以审查，对符合条件的植物新品种发放证书，对不符合条件的予以驳回。在审查过程中，都需进行田间栽培并对相应的性状进行测试。

三是二者都对审查对象提出 DUS（Distinctness、Uniformity、Stability）测试要求。无论是主要农作物品种审定还是品种保护都对品种的特异性、一致性、稳定性作出了明确规定。

四是二者都需要提交标准样品进行保藏。一般审定品种，由品种审定委员会办公室从申请者提供的试验种子中留取标准样品，交由农业农村部指定的植物品种标准样品库保存；“育繁推一体化”种子企业自行开展自主研发品种试验，品种通过初审后，应当在公示期内将品种标准样品提交至农业农村部指定的植物品种标准样品库保存。对于植物新品种保护品种，申请人应当自收到品种保护办公室通知之日起 3 个月内送交繁殖材料，送交繁殖材料为籽粒或果实的，应当送至品种保护办公室植物新品种保藏中心；送交种苗、种球、块茎、块根等无性繁殖材料的，应当送至品种保护办公室指定的测试机构。

五是二者基本目标相同。无论是主要农作物品种审定还是品种保护，其目的都是保障种质资源，促进农业生产发展，保护国家粮食安全。

（二）主要农作物品种审定与植物新品种保护的不同之处

二者的区别主要体现在以下六个方面：

一是二者保护的性质不同。植物新品种保护的本质特征是对申请人育种成果的知识产权进行保护；主要农作物品种审定的本质特征是对申请品种进入大面积生产作出秩序化的管理。植物新品种保护的出发点在于保护育种者或品种权人的利益；主要农作物品种审定的出发点在于保护农业生产者的利益。植物新品种保护主要通过对育种者独占权的保护来促进育种创新；主要农作物品种审定主要通过对送审品种可靠性和适用性的试验来促进品种的健康推广应用。

二是二者审定的法律依据不同。主要农作物品种审定的依据是《种子法》《主要农作物品种审定办法》及各省级行政单位根据自己的实际情况制定的相关规定；植物新品种保护的依据是《种子法》《植物新品种保护条例》及各种配套规章。

三是二者审定的审查机构不同。主要农作物品种审定实行国家与省两级审定，由品种审定委员会负责。取得植物新品种权的品种，如果属于要求审定的范围，生产时在推广应用前还须经过品种审定的程序；通过品种审定的品种，如果需要取得法律保护，就要提出植物新品种权申请，只有满足规定的授权条件，才可以取得品种权。植物新品种保护的受理、审查和授权集中在国家一级进行，由植物新品种保护审批机关负责；[1] 理论上只有通过 DUS 测试的植物新品种才能被授予植物新品种权。

四是二者的审查重点不同。植物新品种保护偏重品种的新颖性，主要农作物品种审定则偏重品种的稳定性、适应性等。《种子法》第 90 条规定："新颖性是指申请植物新品种权的品种在申请日前，经申请权人自行或者同意销售、推广其种子，在中国境内未超过一年；在境外，木本或者藤本植物未超过六年，其他植物未超过四年。"此外，《种子法》进一步明确两种视为丧失新颖性的情形："1. 品种经省、自治区、直辖市人民政府农业农村、林业草原主管部门依据播种面积确认已经形成事实扩散的；2. 农作物品种已审定或者登记两年以上未申请植物新品种权的。"主要农作物品种审定除了具备特异性、一致性、稳定性，具有合适名称等特性外，还侧重于品种的抗逆性、丰产性、适应性等可利用特性的鉴定。

五是二者的申请范围不同。主要农作物品种审定的植物新品种可以是新育成的品种，也可以是新引进的品种。植物新品种保护的植物新品种既可以是新育成的品种，也可以是对发现的野生植物加以开发所形成的品种；植物新品种保护的品种范围是按照审批机关逐批公布的保护名录所指定的种或属，未列入保护名录的种或属项下的品种无法进行植物新品种保护。主要农作物审定的品种范围为五大主要农作物。

---

[1] 2021 年 12 月 31 日，海南省农业农村厅与海南省林业局发布了《海南自由贸易港植物新品种保护管理办法（试行）》，根据该办法，海南省农业农村厅、省林业局依据职责分工设立农业和林业植物新品种保护审查协作办公室，承担海南自由贸易港植物新品种权宣传培训、新品种展示和维权等任务，协助国务院农业农村、林业草原主管部门开展品种权申请的受理和审查等工作。

六是二者的有效期限不同。我国的植物新品种权有保护期限限制，品种权的保护期限自授权之日起，藤本植物、林木、果树和观赏树木为20年，其他植物为15年。超过保护期限的，或者品种权人以书面声明放弃品种权的，或者品种权人未按照规定缴纳年费的，或者品种权人未按照审批机关的要求提供检测所需的该授权品种的繁殖材料的，或者经检测该授权品种不再符合被授予品种权时的特征和特性的，或者品种权被宣告无效的，品种权均自动终止。对于保护期限已满或终止的品种，任何人都可以无偿使用。通过审定的品种没有严格的期限限制，只要没有出现应当撤销审定的情形，该品种就可以一直推广应用。

综上所述，主要农作物品种审定与植物新品种保护是相互独立的体系，获得授权的植物新品种不一定能通过审定，通过审定的植物新品种也不一定能获得授权，但是需要明确的是，已经取得品种证书的主要农作物品种要想在生产上推广应用还需要经过品种审定；已经取得品种权审定证书的主要农作物品种的申请者或育种者想获得该品种的法律保护，必须提出植物新品种权保护申请，只有满足规定的授权条件才可以取得品种权。

三、已经审定主要农作物品种的保护路径

主要农作物品种审定制度作为市场准入的行政管理措施，不同于植物新品种保护制度，其属于行政许可而非民事权利。通过主要农作物品种审定的品种并非获得植物新品种权的品种，即便某一品种通过了主要农作物品种审定，该事实也不能认定该品种取得了植物新品种的授权，并由此享有对所涉品种繁殖材料进行生产、销售

的独占权。因此，审定品种的申请者或育种者并不当然地享有该品种的品种权，也不能像品种权人那样进行维权，但这并不代表审定品种可以被任何人无偿使用、随意生产销售。审定品种的申请者或育种者可以通过以下几种路径对审定品种进行相应的保护。

（一）申请植物新品种权保护

主要农作物品种审定制度与植物新品种保护制度是两项并行的制度，两者在各自的轨道上为我国种业发展保驾护航。审定品种的申请者或育种者在品种通过审定后也可以就该品种或者该品种的亲本在一定期限内申请品种保护。

“丧失新颖性”已经成为审定品种进行品种权保护的最大障碍。审定品种的申请者或育种者通过买卖、易货、入股、签订生产协议以及其他形式将申请品种的繁殖材料转移给他人等行为均可能导致品种丧失新颖性而无法获得授权。需要注意的是，前述行为必须经过育种人的许可，或由育种者自己销售，或授权他人销售，或通过内部机构销售，或通过参股加入企业销售，或以其他的方式销售，总之必须得到育种者的许可。

（二）申请注册商标进行保护

品种名称是一个品种区别于其他品种最显著的标识。品种名称也是种子标签的必备要素。现行《种子法》明确要求同一植物品种在申请新品种保护、品种审定、品种登记、推广、销售时只能使用同一个名称。生产推广、销售的种子应当与申请植物新品种保护、品种审定、品种登记时提供的样品相符。《种子法》和《植物新品种保护条例》对命名做了相应的规定。为规范农业植物品种命名，加强品种名称管理，保护育种者和种子生产者、经营者、使用者的合法权益，农业农村部制定了《农业植物品种命名规定》，该规定明确申请农作物品种审定、品种登记和农业植物新品种权的农业植物品种及其直接应用的亲本的命名，应当遵守该规定。

现行《商标法》对注册及未注册的驰名商标加以保护；现行《反不正当竞争法》第6条对有一定影响的商品名称、企业名称进行保护；《最高人民法院关于审理侵害植物新品种权纠纷案件具体应用法律问题的若干规定（二）》第6条也明确对侵害植物新品种权的假冒品种行为参照假冒注册商标行为的有关规定确定民事责任。

因此，申请者或育种者可以将该审定品种的名称申请注册为商标，通过《商标法》等对审定品种或审定品种的亲本进行保护，进而打击不法分子侵害自己知识产权的行为。

（三）通过专利技术进行保护

当前，种业已进入“常规育种+生物技术+信息化”的育种“4.0时代”。生物育种技术可以提高粮食自给率、节约土地。“4.0时代”育种技术，既包含育种以往的转基因育种，还包括具有代表性的新一代技术如全基因组选择、基因编辑和合成生物学等技术。根据《专利法》第25条的规定，动物和植物品种不能被授予专利权。对动物和植物品种的生产方法，可以授予专利权。但这里所说的生产方法是指非生物学的方法，不包括生产动物和植物的方法。《专利审查指南》进一步明确，专利法所称的植物，是指可以借助光合作用，以水、二氧化碳和无机盐等无机物合成碳水化合物、蛋白质来维系生存，并通常不发生移动的生物。

因此，通过生物育种方式获得的品种如果未取得品种权，申请者或育种者可以将该审定品种的生产方法申请专利保护从而实现对该品种的保护。

（四）通过商业秘密进行保护

作物育种过程中形成的育种中间材料、自交系亲本等，不同于自然界发现的植物材料，其是育种者付出创造性劳动的智力成果，承载有育种者对自然界的植物材料选择驯化或对已有品种的性状进行选择而形成的特定遗传基因，该育种材料具有技术信息和载体实物兼而有之的特点，且二者不可分离。通过育种创新活动获得的具有商业价值的育种材料，在具备不为公众所知悉并采取相应保密措施等条件下，可以作为商业秘密依法获得法律保护。[1]

现行《反不正当竞争法》对商业秘密进行了界定，即商业秘密是指不为公众所知悉、具有商业价值并经权利人采取相应保密措施的技术信息、经营信息等商业信息。《关于审理侵犯商业秘密民事案件适用法律若干问题的规定》进一步明确了“植物新品种繁殖材料”等信息可以被认定为技术信息。因此，当审定品种不具备品种权保护条件、审定品种的亲本也未申请品种保护时，申请者或育种者可以通过商业秘密的形式对审定品种或其亲本进行保护。

需要说明的是，在我国现行法律体系下，将植物新品种的繁殖

---

〔1〕 参见武威市搏盛种业有限责任公司、河北华穗种业有限公司侵害技术秘密纠纷案，最高人民法院民事判决书，(2022) 最高法知民终 147 号。

材料作为技术秘密进行保护需具备以下条件：第一，该繁殖材料（包括植物新品种原始材料、中间材料、自交系与亲本以及涉及植物新品种所有权人前述材料的文字记录、摄影录像资料等，下同）系植物新品种所有权人在培育或改良该植物品种过程中获得的；第二，该繁殖材料系植物新品种所有权人自主培育或者改良的，而非公众所普遍知晓的材料或者已经是被普遍运用的材料；第三，该繁殖材料尚不具备申请品种权的条件；第四，该繁殖材料具备商业秘密的基本特性。

我国已经建立了较为完善的知识产权保护体系，为申请者或育种者保护已经审定的植物品种提供了制度保障，申请者或育种者应当根据自身的基本情况及时采取有效的措施保护自己的知识产权，否则将面临自身合法权益被侵害却救济无门的法律风险。

杂交组合成员的品种权应当一体实施

武合讲*

摘　要：杂交组合是指杂交亲本的组合与配置。杂交组合的成员，包括亲本及其配置的杂交种。杂交组合的亲本是品种，杂交组合的杂交种不是品种。杂交组合成员的品种权，应当分开授权、一体实施。杂交组合成员的品种权分开实施的，品种权人对其授权品种不享有排他的独占权。

关键词：杂交组合　品种权　分开授权　一体实施

杂交组合的成员，包括亲本及其配置的杂交种。杂交组合的亲本和杂交种，都可授予品种权。杂交组合的杂交种，既可授予发明专利权，又可授予品种权。亲本和其配置的杂交种，应当分开授予品种权，不可分开实施品种权，否则品种权人对其授权品种不享有排他的独占权。

一、杂交组合成员应当分开授予品种权

（一）不同的植物新品种应分开授予品种权

《种子法》规定，国家实行植物新品种保护制度。对国家植物

* 武合讲，山东贵和律师事务所律师，中国种子协会法律服务团成员。

品种保护名录内经过人工选育或者发现的野生植物加以改良，具备新颖性、特异性、一致性、稳定性和适当命名的植物品种，由审批机关授予品种权，保护品种权所有人的合法权益。品种权所有人对其授权品种享有排他的独占权。任何单位或者个人未经品种权所有人许可，不得生产、繁殖和为繁殖而进行处理、许诺销售、销售、进口、出口以及为实施上述行为储存该授权品种的繁殖材料，不得为商业目的将该授权品种的繁殖材料重复使用于生产另一品种的繁殖材料。

一般情况下，授予品种权保护的亲本品种，在玉米单交组合，是父本自交系和母本自交系；在水稻三系杂交组合，是母本不育系和父本恢复系。因为委托制种的，不向受委托的制种单位提供保持系，保持系不进入市场流通，所以保持系一般不必申请品种权保护；当然，若对保持系也申请了品种权保护，水稻三系杂交组合的授权亲本包括不育系、恢复系和保持系。

《种子法》规定，一个植物新品种只能授予一项品种权。两个以上的申请人分别就同一个品种申请品种权的，品种权授予最先申请的人；同时申请的，品种权授予最先完成该品种育种的人。依据上述规定，杂交种及其亲本品种，无论育种人是否相同，都分开授予品种权。

（二）品种权保护的范围不包括种植材料

《种子法》所称的种子，包括种植材料和繁殖材料。例如，花粉可以用于繁殖，属于《种子法》规定的繁殖材料，不是种植材料；杂交种的种子可以用于播种，属于《种子法》规定的种植材料，不是繁殖材料。根据《种子法》的规定，品种权保护的范围，只包括繁殖材料，不包括种植材料。对授权品种维权的，应当注意区分所涉种子是种植材料还是繁殖材料。

杂交种的种子播种后生长发育的植物群体，是基因型杂合和表现型不一致的杂种第二代。杂交种的种子不能将杂交种的遗传性状遗传给杂种第二代及以后各代，不具有“种杂交种，得杂交种”的传递杂交种遗传信息的繁殖性能，不能作为繁殖材料使用。杂交种的种子，虽然也是具备种植使用性能的种子，但是不能传递杂交种的遗传信息，不是繁殖材料，不属品种权保护的范围。这既是利用杂种优势，使种子使用者必须年年购买杂交种子的原因，也是销售杂交种的种子不构成侵犯品种权的原因。

（三）杂交组合亲本的繁殖材料属于品种权保护的范围

杂交组合的亲本是品种。品种是经过人工选育或者发现并经过改良，形态特征和生物学特性一致，遗传性状相对稳定的植物群体。稳定性是指一个植物品种经过反复繁殖后或者在特定繁殖周期结束时，其主要性状保持不变。品种的繁殖材料，属于品种权保护的范围。

（四）杂交种不属于品种权保护的范围

植物新品种的性状，包括植物新品种的生物学特性和形态特征。性，是生物学特性（品种丰产性、稳产性、适应性、抗逆性和品质）的简称；测试玉米品种主要生物学特性的标准是《主要农作物品种审定标准》。状，是形态学特征（植株、叶片、果穗等的形状）的简称；测试玉米品种主要形态特征的标准是《植物品种特异性、一致性和稳定性测试指南 玉米》。

分离规律和自由组合规律决定了只有基因型纯合的植物群体，遗传性状才具有稳定性。分离规律是指杂种个体中控制相对性状的成对基因在配子形成时相互分离到不同配子中去的规律。自由组合规律是指杂种个体中两对或两对以上的基因，在配子形成时的互不干扰、彼此独立、自由组合进入同一配子中去的规律。分离规律和自由组合规律决定了基因型杂合的植物体，其后代的遗传性状发生分离重组，不能保持不变。

杂交种是由基因型不同的亲本交配所产生的子代，在育种学上称为杂种第一代，用符号 F_1 表示。杂交种是基因型杂合、表现型一致的植物群体。杂交种子种植后生长发育的植物群体，是杂交种。在杂交种上收获的种子，是杂交种的种子。杂交种的种子可以种植，属于《种子法》规定的“种植材料”。杂交种的种子种植后生长发育的植物群体，在育种学上称为杂种第二代，用符号 F_2 表示。分离规律和自由组合规律决定了杂种第二代的遗传性状发生分离重组，群体内个体间相关的特征或者特性表现不具有一致性。杂种第二代以及以后各代不能保持杂交种的遗传性状不变，造成杂交种的遗传性状不具有稳定性。

杂交种的性状不是由杂交种遗传的，而是由亲本品种杂交遗传的。杂交种的先代不是杂交种，而是品种。杂交种的后代不是杂交种，而是遗传性状不具有一致性的混杂植物群体；杂交种不具有“种杂交种，得杂交种”的遗传性能。杂交种的遗传性状不能稳定地遗传给杂种第二代及以后各代，杂交种不是遗传性状相对稳定的植物群体，不属于品种权保护的范围。

（五）杂交种品种权的保护范围是杂交种子

杂交种子，是指在经父本授粉后的母本植株上收获的繁殖材料，是母本和父本杂交所产生的种子，是《种子法》所称的“杂交种子”。杂交种子播种后生长发育的植物群体，是杂交种。因为杂交种子播种后生长发育的植物群体是杂交种，所以杂交种子是繁殖杂交种的材料，是《种子法》规定的“繁殖材料”，属于品种权保护的范围。

杂交种子虽是在经父本授粉母本植株上收获的材料，但不是母本品种的繁殖材料。在经父本授粉的母本植株上收获的材料，种植后生长发育的植物群体不是母本品种，而是母本和父本杂交产生的杂交种。在经父本授粉的母本植株上收获的材料，传播的是母本和父本交配后的遗传信息，不是母本品种的遗传信息。这就是杂交制种田必须去除自交株的原理。

二、杂交组合成员的品种权必须一体实施

（一）杂交组合成员的权利内容不同导致各成员品种权不可分开实施

杂交组合成员的身份不同，品种权的权利内容不同。杂交种的品种权人对其授权杂交种享有的是许可生产或者销售权，即未经杂交种的品种权人许可，不得为商业目的生产或者销售该授权品种的繁殖材料。亲本品种的品种权人对其授权品种享有的是许可使用权，即未经亲本的品种权人许可，不得将该授权品种的繁殖材料重

复使用于生产杂交种的繁殖材料。

具有实用价值的成果，才是科技成果，才可转化。推广，属于科技成果转化的终端活动。为了评价主要农作物品种的实用价值，《种子法》规定了品种审定制度。主要农作物品种必须经审定通过，才可在适宜的生态区域推广。取得植物新品种权的品种得到推广的，完成育种的人（以下简称育种人）才可依法获得相应的经济利益。品种审定制度决定了主要农作物品种推广、销售的前提是经审定通过。杂交种具有杂种优势，可以经审定通过。经审定通过的杂交种，可以在适宜的生态区域推广、销售。杂交种的品种权人依法获得相应经济利益的途径是推广、销售授权杂交种的繁殖材料。

亲本品种不具有杂种优势，一般不能经审定通过。未经审定通过的亲本品种，不得推广、销售。亲本品种的品种权人不能因亲本品种得到推广、销售依法获得相应的经济利益。亲本品种的品种权人依法获得相应经济利益的途径是，通过许可重复使用授权亲本品种的繁殖材料生产杂交种子。

杂交种不具有繁殖性能，杂交种的品种权人未经亲本品种权人许可，不能使用亲本的繁殖材料重复生产杂交种子。没有杂交种子的推广、销售，杂交种的品种权人和亲本品种的品种权人都不能依法获得相应的经济利益。

（二）品种权的排他独占性导致各成员的品种权不可分开实施

亲本品种品种权人的权利内容，是许可将授权品种的繁殖材料重复使用于生产杂交种的繁殖材料，不包括授权品种繁殖材料的推广、销售。杂交种品种权人的权利内容，是推广、销售授权品种的繁殖材料，不包括授权他人使用品种繁殖材料。品种权具有排他的独占性，这决定了亲本的品种权人和杂交种的品种权人不是同一主体，亲本品种的品种权人未经杂交种的品种权人许可，不得推广、销售杂交种的繁殖材料；杂交种的品种权人未经亲本的品种权人许可，不能重复使用亲本的繁殖材料生产杂交种子。品种权排他的独占性，决定了亲本和杂交种的品种权不可分开实施。

（三）一体实施方可依法获得相应的经济利益

杂交种不能自我繁殖，必须使用母本和父本杂交生产杂交种子繁殖杂交种。杂交种具有杂种优势，可以在经审定通过后进行推广、销售。亲本品种的育种人可以通过杂交种的推广、销售，依法获得相应的经济利益。

品种作为杂交种亲本的，必须具有特殊配合力，不必具有丰产性、稳产性、适应性、抗逆性。品种不作为杂交种亲本的，如需推广，必须符合农作物品种推广对品种丰产性、稳产性、适应性、抗逆性的要求。作为杂交种亲本的品种，包括自交系、不育系、恢复系、保持系，因为不具有杂种优势，所以一般不能经审定通过，不能获准推广、销售。品种审定推广制度决定了亲本品种的育种人不因亲本品种得到推广、销售依法获得相应的经济利益。

杂交种子的生产和亲本种子的生产有一定的区别。杂交种子生产，必须使用母本和父本进行杂交（将父本的花粉授予母本的柱头上杂交产生种子）；亲本种子即常规种子生产，使用亲本品种自交

（将自己的花粉授予自己的柱头上自交产生种子）。因为杂交种子生产必须使用母本品种和父本品种的繁殖材料，所以杂交组合成员品种权分别实施的，不利于杂交种子生产和杂交种推广、销售，不利于育种人依法获得相应的经济利益。

三、授权品种许可必须一体实施

一个品种授予一项品种权，不同申请人对不同的植物新品种可以申请不同的品种权，杂交组合的不同成员可以具有不同的品种权人。杂交组合是一个整体，杂交组合成员的品种权人必须一体实施品种权。

杂交组合成员的品种权人分开实施品种权的，会使品种权人对其授权品种不享有排他的独占权。在品种权许可实施的实践中，应当特别注意该问题。

（一）杂交组合杂交种和亲本的品种权人分开实施品种权

杂交组合是一个整体，杂交组合成员的品种权人对其授权品种应当一体实施品种权。杂交种和亲本品种的品种权人分开实施品种权的，亲本品种的品种权人主张对其授权亲本享有排他的独占权，不能得到法院支持。这方面最典型的案例是河南金博士种业股份有限公司（以下简称 JBS 公司）诉北京德农种业有限公司（以下简称 DN 公司）侵害郑单 958 品种权纠纷案。

该案的基本案情是，玉米杂交种郑单 958 是由自交系品种郑 58 与自交系品种昌 7-2 杂交而成。农科院粮作所取得杂交种郑单 958 的品种权。JBS 公司受让取得自交系品种郑 58 的品种权。DN 公司经农科院粮作所许可取得杂交种郑单 958 种子的生产、经营权。JBS 公司以 DN 公司未经其许可使用郑 58 繁殖材料生产郑单 958 种子侵犯其对授权品种郑 58 享有的品种权为由诉至法院，要求判令 DN 公司停止使用郑 58 繁殖材料生产郑单 958 种子并赔偿损失 4950 万元。

《种子法》规定，品种权所有人对其授权品种享有排他的独占权。品种权人可将品种权许可他人实施。杂交种郑单 958 品种权人对其授权杂交种郑单 958 享有排他的独占权，可将杂交种郑单 958 品种权许可 DN 公司实施。杂交种郑单 958 品种权人许可 DN 公司生产、销售授权杂交种郑单 958 种子的，授权品种郑 58 品种权人对其授权品种享有的品种权不具有排他性。DN 公司使用郑 58 繁殖材料生产郑单 958 种子，必须取得郑 58 品种权人的许可；未取得郑 58 品种权人许可，使用郑 58 繁殖材料生产郑单 958 杂交种子，侵犯了郑 58 品种权人品种权。法院虽支持 JBS 公司要求 DN 公司赔偿损失 4950 万元的诉讼请求，但以生产郑单 958 种子需要使用郑 58 繁殖材料，若禁止 DN 公司使用郑 58 繁殖材料生产郑单 958 种子，将造成巨大经济损失为由，判决驳回 JBS 公司要求 DN 公司停止使用郑 58 繁殖材料生产郑单 958 种子的诉讼请求，即 DN 公司可以继续使用郑 58 的繁殖材料生产郑单 958 的种子。

（二）杂交组合父母本的品种权人分开实施品种权

杂交组合是一个整体，杂交组合亲本品种的品种权人对其授权品种的品种权不一体实施的，法院直接判令当事人相互授权许可。这方面最典型的案例是最高人民法院第 86 号指导案例，即天津天隆种业科技有限公司（以下简称 TL 公司）与江苏徐农种业科技有限公司（以下简称 XN 公司）侵害品种权纠纷案。

该案的基本案情是：三系水稻杂交种粳稻 9 优 418，是由辽宁省稻作研究所、徐州农科所共同培育成功的。9 优 418 的母本是 9201A，父本是 C418。辽宁省稻作研究所是 C418 的品种权人，辽宁省稻作研究所许可 TL 公司独占实施 C418 的品种权。徐州农科所是徐 9201A 的品种权人，徐州农科所许可 XN 公司独占实施徐 9201A 的品种权。XN 公司和 TL 公司生产 9 优 418 使用的配组完全相同。TL 公司与 XN 公司相互以对方为被告，提起植物新品种侵权诉讼。法院以分开持有植物新品种父本与母本的双方当事人，不能达成相互授权许可协议，导致 9 优 418 不能继续生产，既损害双方各自利益，也不符合合作育种的目的为由，为维护社会公共利益，保障国家粮食安全，促进植物新品种转化实施，确保已广为种植的 9 优 418 继续生产，直接判令双方当事人相互授权许可并相互免除相应的许可费；父母本的品种权人对使用其授权品种的繁殖材料生产杂交种子，互不享有排他的独占权。

四、授权品种转让必须一体实施

育种人育成的植物新品种，往往需由种子企业转化、推广。若育种人和种子企业签订的品种转化合同存在法律漏洞，极易产生纠纷。

（一）因同一杂交组合转让给不同主体的杂交组合转让纠纷案

玉米杂交组合农大 372 植物新品种权权属纠纷一案，是因同一杂交组合转让给不同主体发生的杂交组合转让纠纷典型案例。

该案的基本案情是：玉米杂交组合农大 372 由宋某某育成。玉米杂交组合农大 372，包括母本自交系 BA702 和父本自交系 X24621 及其配制的杂交种农大 372。2009 年，宋某某和北京华奥农科玉育种开发有限责任公司（以下简称 NKY 公司）签订合同，约定宋某某育成的玉米品种以 NKY 公司的名义参加品种区域试验和申请品种审定，由 NKY 公司对杂交种和自交系申请品种权保护。NKY 公司自审批机关发布的申请公告得知，北京九鼎九盛种业有限责任公司（以下简称 JDJS 公司）对 BA702、X24621、农大 372 提出了品种权保护申请。NKY 公司将 JDJS 公司等诉至北京知识产权法院［案号为（2015）京知民初字第 1325 号］，要求判令 BA702、X24621 及农大 372 的植物新品种保护申请权归 NKY 公司所有。诉讼中，JDJS 公司提交了其和宋某某签订的宋某某许可 JDJS 公司对 BA702、X24621 及农大 372 申请品种权保护的合同。因为不确认该合同的效力，就不能确定 BA702、X24621 及农大 372 申请权的权属，所以 NKY 公司撤回植物新品种申请权权属之诉，另行提起确认 JDJS 公司和宋某某签订的许可 JDJS 公司对 BA702、X24621 及农大 372 申请品种权保护的合同无效之诉，由法院确认 JDJS 公司与宋某某签订的合同无效。在解决了一个杂交组合转让于两个受让人的合同效力问题后，再提起植物新品种权权属纠纷之诉。法院审理后，判决确认 JDJS 公司和宋某某签订的许可 JDJS 公司对 BA702、X24621 及农大 372 申请品种权保护的合同无效，NKY 公司对农大 372 及 BA702、X24621 享有植物新品种申请权；将一个杂交组合的品种权归一个品种权人所有，以保障杂交组合的品种权一体实施。

（二）因对转化的品种约定不明发生的杂交组合品种权转让纠纷案

育种人许某某和转化人 YF 公司共有玉米杂交种 YF3240 品种权案，是因对转化的品种约定不明发生的杂交组合品种权转让纠纷的典型案例。

该案的基本案情是：对于玉米杂交组合 YF3240，其母本品种 XA1237 和父本品种 X15673 及其配制的杂交种 YF3240 由许某某育成。许某某和 YF 公司签订合同，约定许某某将杂交组合 YF3240 交由 YF 公司申请品种审定，品种审定通过后品种权归 YF 公司。玉米杂交种 YF3240 于 2017 年通过山东省审定，于 2018 年通过国家审定。2016 年 5 月，许某某对 YF3240、XA1237、X15673 分开申请品种权保护。2016 年 6 月，YF 公司对 YF3240、XA1237、X15673 分开申请品种权保护。许某某向人民法院提起植物新品种申请权权属纠纷诉讼，要求判令 YF3240、XA1237、X15673 的植物新品种申请权归许某某所有。因为母本 XA1237 和父本 X15673 属于自交系，YF 公司未对 XA1237 和 X15673 申请品种审定，XA1237 和父本 X15673 也未经审定通过。XA1237 和父本 X15673 不符合合同约定的“品种审定通过后品种权归 YF 公司”的条件，法院判决 XA1237 和 X15673 的申请权归许某某所有。

玉米杂交种 YF3240 通过了山东省审定和国家审定，依据许某某和 YF 公司之间的品种审定后品种权归 YF 公司所有的约定，玉米杂交种 YF3240 的品种权应归 YF 公司所有。玉米杂交种 YF3240

的品种权归 YF 公司所有，母本 XA1237 和父本 X15673 的品种权归许某某所有，形成了同一杂交组合不同成员的品种权分属不同品种权人的局面。

同一杂交组合不同成员的品种权分属不同品种权人，YF 公司未取得许某某许可，就不得使用 XA1237 和 X15673 的繁殖材料生产玉米杂交种 YF3240 的种子。不能生产玉米杂交种 YF3240 的种子，经审定通过的杂交种 YF3240 就得不到推广应用，YF 公司就不能因其授权杂交种 YF3240 的推广应用依法获得相应的经济利益。XA1237 和 X15673 未经审定通过，不得发布广告、推广、销售。品种权人许某某不能因其授权品种 XA1237 和 X15673 的推广应用依法获得相应的经济利益。YF 公司和许某某分开行使杂交种 YF3240 及其亲本 XA1237 和 X15673 品种权，既损害双方当事人各自的利益，也不符合签订合作育种合同促进植物新品种转化的目的。为维护社会公共利益，保障国家粮食安全，经 YF 公司同意，法院判决杂交种 YF3240 植物新品种保护的申请权归 YF 公司和许某某共有；以杂交种品种权归转化人和育种人共有的方式，保障杂交组合的品种权一体实施。

论我国转基因育种产业化的知识产权问题

姚子健*

摘　要： 转基因育种产业化随着2023年中央一号文件的发布以及农业农村部对转基因相关安全评价和品种审定的法规修改而被农业从业人员热议。本文通过研究我国目前转基因育种的知识产权保护现状与其他国家对转基因育种产业化的知识产权保护措施，旨在促进我国尽快修订知识产权相关立法，促进知识产权保护体系与转基因育种市场的结合，以知识产权保护体系的进步推动转基因育种产业化的发展。

关键词： 转基因技术　知识产权　粮食安全　产业化

一、我国转基因育种产业的现状

当前，国际转基因育种产业化渐趋成熟，已带来巨大经济收益，而我国因社会观念与公共政策原因迟迟未开放产业化，进度上

* 姚子健，华南农业大学人文与法学学院2021级本科生。

落后许多。我国是农业大国，同时也是人口大国。虽然我国国内农业生产量极大，却必须面对主要粮食作物如大豆、玉米仍长期、大量依赖国外进口的事实。我国目前的农业生产面临诸多挑战：一是18亿亩耕地面积红线与耕地质量保持形势严峻；二是资源环境的承载力已达极限；三是为了保证粮食的产量，过量使用的化肥、农药导致了环境质量的下降；四是我国农业竞争力与自给率均有所下降。为了保障我国的粮食安全，使我国农业在目前有限的资源、土地条件下取得新的突破，转基因育种产业化或许是当下较好的选择。我国一直强调要把握农业的“芯片”，解决我国种源被“卡脖子”的长期问题。我国长期积累的转基因技术，或许是解决粮食安全与农业高质量发展问题的“钥匙”。

得益于我国科研人员的持续努力与国家对转基因技术的重视，我国转基因技术的研究取得了重大成果，在众多重要的基因工程相关学科中取得了突破性进展。水稻转基因育种等领域已处于世界领先水平，我国已成为继美国之后第二个转基因产品研发大国。目前，我国的转基因育种成果已经在国外多个国家成功推广应用。2019—2020年，我国自主研发的3个转基因玉米品种和2个转基因大豆品种获得了生产应用安全证书。转基因品种遗传转化效率达到国际先进水平，建立了完备的转基因育种技术产业化体系和生物安全保障体系。[1] 可以说，我国在转基因育种产业化上已经沉淀多年，具备产业化条件。

2022年1月，我国农业农村部修改了《农业转基因生物安全评

---

〔1〕 参见林敏：《农业生物育种技术的发展历程及产业化对策》，载《生物技术进展》2021年第4期。

价管理办法》《主要农作物品种审定办法》等4部规章的部分条款，明确规定了转基因育种的植物、动物的安全审查与品种审定程序；同年6月，国家农作物品种审定委员会印发《国家级转基因大豆品种审定标准（试行）》和《国家级转基因玉米品种审定标准（试行）》。2023年11月，国家农作物品种审定委员会对《国家级大豆品种审定标准》进行修订。2022年12月，农业农村部召开第一次转基因品种审定会议，此次品种审定会议的顺利召开意味着转基因育种被正式允许进入市场。转基因产业化在2023年正式开始，我国大小转基因育种企业、科研机构相继进入这条赛道进行激烈竞争。

二、我国转基因育种产业化存在的主要问题

（一）我国转基因育种产业的国际竞争力弱

世界范围内，借助知识产权这一工具，美国、欧盟成员国、日本等发达国家与地区不断扩展、深化科技创新全球布局，以确保其在市场中的优势乃至垄断地位。目前，国际转基因育种发展进度已然进入“育种4.0”时代，[1] 实现了人工智能、计算科学与转基因育种技术的融合。而我国由于社会舆论及公共政策原因，始终未允许转基因育种真正产业化，目前仍处于“育种3.0”版本，与发达国家的应用差距明显。如若不能尽快制定适应转基因育种这一特殊技术的知识产权保护方案，我国多年布局的转基因育种格局与积累

[1] Wallace G, Rodgers－Melnick E and Buckler E, *On the Road to Breeding* 4.0: *Unraveling the Good, the Bad, and the Boring of Crop Quantitative Genomics*, Vol.1: 52, Annual Review of Genetics 421（2018）.

的成果将不能很好地转化为经济效益与科研经验，使我国在转基因育种产业竞争中落于下风。

当前，不同于20世纪生物技术刚刚起步，多由政府出资进行公共科研项目那样，生物育种的产出样态已经由公共主体作主导逐渐转变为独立科研机构作主导。因此，生物育种行业的知识产权产出主体多样化，在知识产权方面会有更多的利益冲突。可见，当今转基因育种的发展对转基因品种知识产权保护的要求更高，更完善的知识产权保护更能激发育种者创新活力的作用。

我国转基因育种技术虽然发展迅速，但缺乏原始创新性的技术突破。2015—2019年，中国生物育种专利申请量排名世界第二，仅次于美国。从专利申请量上看，我国占据了一定优势地位。但从专利质量与相关科研论文的影响力来看，我国对比美、英、日等发达国家的劣势明显，导致国际竞争力受限。[1]

（二）种子市场侵权乱象丛生

尽管我国早已颁布《种子法》以惩罚种子侵权行为，但涉及假冒伪劣品种问题的纠纷仍层出不穷。其中，极具影响力的个案是大北农董事长邵某伙之妻莫某于2014年在美国被指控盗取杜邦先锋公司、孟山都公司拥有专利权的玉米种子，并将其运往中国，以帮助中国的种子公司获利一案。此类案件严重打击了我国转基因育种者的科研热情，也对国外先进转基因育种成果的引进造成阻碍。

目前，我国侵权打击方面存在的问题是司法保护的主导作用没

---

〔1〕参见郑怀国等：《全球作物种业发展概况及对我国种业发展的战略思考》，载《中国工程科学》2021年第4期。

有得到很好发挥，行政保护体制又未能辨清专利局、品种复审委员会等的行政职能定位，两者的衔接与配合也未有较好的立法与实践方案。[1] 知识产权相关机关在行政裁决等应当重视的行政职能上缺少有力实践，疏忽了行政职责，导致了长期以来对种子侵权打击力度不强，国内种业非法销售种子等侵权现象持续发生的局面。

（三）缺少资金支持：科技优势未转化为产业优势

从种业自身看，我国自加入国际植物新品种保护联盟以来，品种权申请数量的增长态势迅猛，从 2017 年起超过欧盟，居第一位；授权数量自 2014 年起超过美国，仅次于欧盟，居第二位。[2] 但我国转基因育种产业发展较为薄弱，始终缺少具有全球竞争力的产品，其原因在于企业研发资金不足导致研发能力不足。当前，我国在转基因育种方面的资本市场仍然很不成熟，而一个优质的转基因品种需要经过数十年的研发期，这期间企业需要稳定的资金来源作支撑，才能将科技优势尽快转化为产业优势。而稳定的资金来源需要国家政策的支持，只有营造良好的营商环境，推动建立转基因育种知识产权融资市场，增强资本对于转基因育种产业的信心，才能真正将转基因育种产业方面的融资市场建立起来。

（四）育种者与种植者之间存在知识产权认识隔阂

当前，种子企业普遍持扩大经营规模、增加专利与植物新品

[1] 参见易继明：《构建知识产权大司法体制》，载《中外法学》2018 年第 5 期。

[2] 参见郑怀国等：《全球作物种业发展概况及对我国种业发展的战略思考》，载《中国工程科学》2021 年第 4 期。

种权收益的取向，在全球化市场竞争激烈的时代背景下，我们应在制度设计上倾斜权益来保障利益分配。但同时，种植者的自留种权利也不可忽视，因此，如何解决育种者与种植者之间的利益平衡问题是转基因育种产业化过程中一个必须解决的问题，这也关系到转基因育种产品能否被我国种植者接受。我国要想在国际化竞争的当下，既促进种植者利益的增长，也保障育种者的权利，实现我国转基因育种产业的良性发展，需要促进育种者与种植者之间的交流合作，让育种者更多地看到转基因种子的优势，愿意选择转基因种子进行种植，从而推动育种者与种植者在知识产权利益上形成平衡。

同时，我国目前的种植者的种子多为农民自留或者由政府农业管理部门统一提供，与种子企业直接接触较少，市场化程度低。这就导致了种子企业最新的良种不能够直接在农民等种植者中有效交流试用，种植者试用转基因种子的信心与热情不足。而转基因品种作为长久被国内舆论“妖魔化”的事物，要想成功产业化，在闯过了安全政策关后，还要取得种植者的普遍接受，促进种植者理解其中的知识产权与科学原理，这会使这一过程变得简单。

（五）我国自然遗传资源知识产权管理体系不完善

自然种质遗传资源是转基因育种中外源基因的重要来源之一，可以说，没有对自然种质遗传资源的探索与研究，就不会有性状越来越优良的转基因新品种的出现。因此，重要种质资源的保护与开发需要形成完善全面的制度，如此才能保证转基因技术创新的资源基础。我国分别于 1956—1957 年、1979—1984 年组织开展了两次全国性农作物种质资源、地方品种的收集、整理工作，并持续开展了区域性农作物种质资源调查收集工作，对于遗传资源保护的研究亦持续进行。对于自然遗传资源的法理定义，有的学者认为属于知识产权的一类，有的学者认为其属于无形财产权的一类。其权属为国家、集体或是个人的辩论在学术界也未曾息止。[1] 但无论采用何种学说，自然遗传资源是转基因技术发展创新的重要资源宝库是毋庸置疑的，应当被纳入知识产权体系中予以保护。

得益于多样的地理环境，我国的自然遗传资源极为丰富，拥有取之不竭的遗传资源宝库，这是我国发展转基因育种产业的一大天然优势。中国种质资源库中，作物种质资源的保存总量超过 50 万份，位居世界第二。[2] 但同时，种质资源的遗传多样性仍不足，对国外优良遗传资源的吸纳较为欠缺，在优质育种上存在一定劣势。并且在发掘此类资源的基础上，我国对自然遗传资源的精准鉴定量不足，有效利用率很低，仅有 2.5%~3.0%，对转基因育种也造成了一定的阻碍。因此，我国亟须形成从自然遗传资源保存、利用、挖掘、研发到应用的全链条产业，为转基因育种的优质遗传资源的保存与应用创设全链条供应链，促进高质量种子的诞生，夯实我国种质资源发展的基础，更好地服务于企业的商业化研发。[3]

---

〔1〕 参见马旭：《遗传资源获取与惠益分享国际规则研究》，吉林大学 2016 年博士学位论文。

〔2〕 农业农村部种业管理司：《新中国农业遗传资源保护与利用 70 年》，载中华人民共和国农业农村部官网 2019 年 9 月 16 日，https：//www. moa. gov. cn/ztzl/70zncj/201909/t20190916_ 6327991. htm。

〔3〕 参见郑怀国等：《全球作物种业发展概况及对我国种业发展的战略思考》，载《中国工程科学》2021 年第 4 期。

三、国际转基因育种知识产权的立法沿革与实践

（一）推动知识产权全面保护体制的建立

美国对于转基因育种知识产权保护的改革走在世界前沿。美国把握住转基因育种技术的机遇，及时改变知识产权策略，实现了转基因育种领域的技术领先。针对植物新品种权专门立法或是单独通过专利法保护都不能对转基因育种的创新成果进行全面保护。因此，“双轨制”的植物新品种与专利法并行保护自然成为在不过多变动原有法律基础前提下的较好的美国式解决方案。目前，美国以《植物新品种保护法》、《植物专利法》及《专利法》三法实现对转基因育种知识产权有重叠的全面保护。

欧盟在看到转基因育种市场的巨大效益后，放弃了对 UPOV 1978 年文本（主要由欧盟国家制定）中禁止给予植物新品种专利保护的规定的坚持。修订后的《国际植物新品种保护公约》1991 年文本（UPOV1991 年文本）允许对获得植物新品种权的转基因新品种实行“双轨制”保护，大大加强了育种者权利的保护，削弱种植者的权利，以期在种业市场逐步国际化的趋势中稳固先进种业技术优势，从发展中国家获取更多的经济利益。此后，1999 年的 Novartis AG 案直接允许转基因植物本身申请专利，直接撬动了欧盟对转基因品种不给予专利保护的禁止性规定。Monsanto v. Cefetra 案是欧盟对基因工程专利范围进行确认的经典案例。通过此案，欧盟确立了关于基因工程专利保护的规则，澄清了许多对转基因育种技术专利申请的质疑。[1] 由此，欧盟也大致完成了对转基因育种

---

〔1〕 参见李菊丹：《欧盟基因专利的保护范围及其启示——对欧盟 Monsanto v. Cefetra BV and Others 案的评介》，载《知识产权》2016 年第 11 期。

知识产权保护的立法改革。

日本对于植物新品种权保护的立法始终保持开放态度，其《专利法》对转基因植物新品种专利保护的限制较宽松，其《种苗法》是亚洲地区最早的对植物新品种权进行保护的专门法律。日本的整体立法都有利于转基因品种尤其是转基因植物新品种的保护，这与其经济以出口为主而国内耕地极少有着密切关系。日本必须更加注重保持产业优势，保持国际竞争力，才能保障其出口型经济的稳定发展。其《专利法》与《专利审查指南》只要求转基因植物新品种符合专利的实质条件即可授予专利权，因此育种者可以选择其中之一来保护专利权或植物新品种权。

（二）对转基因育种的知识产权保护力度大

在转基因技术发展激烈竞争的当下，知识产权制度不仅可以作为促进本国转基因技术发展的推进剂，也可以作为发达国家实施技术封锁和遏制他国研发进度的利器。如美国著名的特殊“301 条款”列出拒绝有效保护美国知识产权的国家，由此对这些国家的知识产权保护情况进行调查，并决定是否采取报复性措施，如实施进口限额、增加进口关税，或取消贸易最惠国待遇。因此，美国本土高新企业包括转基因育种企业的知识产权在美国强大国家实力的保障下得到较好保护，产业垄断优势得以保持。

另外，发达国家的种业巨头也极其注重知识产权保护，将知识产权战略融入商业运作中。孟山都公司作为美国转基因育种产业的引领者，其专注于优质转基因品种的原始研发，从研发到生产、销售与服务，形成了知识产权全过程保护体系。研发环节，孟山都公司对所有生物育种专利技术进行保护，组建专业法律团队，尽量避免战略层面的知识产权纠纷问题。由此，其形成了对自产优势品种的知识产权垄断，凭借此知识产权优势，孟山都才得以构建“种子—农药”的生产与销售双核心布局，不仅凭借优质抗病虫害种子营利，更凭借如“草甘膦大豆”等抗农药作物，配合草甘膦的捆绑销售，以其强大的抗虫害能力和高产量优势成为大量农户的必需选择。为保证相互配合的销售体制的运行，孟山都公司对知识产权壁垒建立和侵权惩罚机制方面都较为重视，不仅专利申请量高，更组建了专门的知识产权团队负责打击知识产权侵权。

（三）以多样化知识产权融资手段解决转基因育种中小企业融资困难问题

不同于其他类型的公司以机器设备等有形资产为主要资产，知识产权才是转基因育种类科研企业的主要资产构成。因此，科技型中小企业常常因缺少有形资产担保而没足够信用获得投资者的信任。融资难是各国扶持科技中小企业发展面对的共同难题，转基因育种产业的中小企业也无法逃脱此困扰。CRISPR－Cas9、TALEN等技术工具的出现，有效减少了成本和周期对资金的限制，转基因育种的成本大大降低，同时各国对转基因育种的政策支持与资金补贴，使转基因育种中小企业不断涌现，但也带来帮助中小转基因育种企业生存发展这一亦福亦难的问题。对此，许多发达国家基于本国资本发展情况与产业条件，对融资手段进行不同的创新与发展。美国金融市场发展完备、法律制度健全、社会资本充足，是证券化产品发行与交易最优良的市场。在转基因育种的知识产权证券化方面，美国加强市场管理与无形资产的评估，完善相关法律法规，放宽限制，为多元化无形资产证券化提供良好的环境。欧洲作为世界第二大知识产权证券化市场，充分利用深厚的证券市场基础，完善立法，放松限制，促进相关知识产权评估机构的发展，成功促进了知识产权证券化的不断发展。日本于2002年发布《知识产权战略大纲》《知识产权基本法》，逐步修改限制专利信托和专利证券交易的法律，积极推动专利资产融资和证券化，逐渐形成了以知识产权质押贷款和专利证券化为主要形式的专利资产融资体制。[1]

（四）建立转基因育种产业知识产权交流体系

从国外转基因育种产业发展的经验来看，其转基因育种安全问题的普及难度并不比我国小，对于未知的科技事物，国外普通民众第一时间的反应也是恐惧与规避。但通过促进育种者与种植者的知识产权合作与交流，转基因育种与种植的隔阂被打破，这也间接消除了消费者对转基因育种的恐惧。例如，澳大利亚政府从中牵头却不过多干涉育种者与种植者的交流，促进转基因育种产业形成“政府+科研机构+种子公司+农场主”的合作结构。将农场主加入转基因育种研发的操作，使农场主理解其中知识产权带来的收益，从而使其共同形成独特的实用主义价值观，也使农场主和消费者对于为转基因育种作出知识产权上的付费产生认可，最终转基因育种与种植销售形成了良性的系统。[2]

---

〔1〕参见袁晓东：《日本专利资产证券化研究》，载《电子知识产权》2006年第7期。

〔2〕参见胡艳华、陈亮：《澳大利亚种植转基因作物的文化生态与风险认知》，载《西南民族大学学报（人文社科版）》2020年第4期。

（五）注重本国遗传资源的知识产权保护

由于遗传资源在转基因技术发展中作为基础性资源存在，各国对于自身珍贵、独特的遗传资源都极为重视。同时，遗传资源具有非物质性、稀缺性和易复制性，其权属难定、窃取难度低、保护成本高，这给各国的遗传资源保护与共享工作的规划与开展带来了一定的难度。

为了保护遗传资源，促进遗传资源的互惠共享，国际社会签订了多个条约，包括《生物多样性公约》、《粮食和农业植物遗传资源国际条约》、《与贸易有关的知识产权协定》和《粮食和农业植物遗传资源国际公约》等，在互惠共享方面达成了一定的国际共识。但由于政府与资源勘探者之间、原住民与政府之间、国家之间在遗传资源权属争端等利益的平衡上有颇多争议，因此，各国的遗传资源保护模式差异较大且发展不均衡。

印度因严重的生物剽窃问题，在生物多样性策略与行动计划的制定中十分注重防范国外生物剽窃。在生物多样性计划中，印度认为使用遗传资源的惠益分享应同属于使用生物资源的创造者、持有者和使用生物科技的改革者、创新者。[1] 因此，其在利益分配上注重对原住民和资源勘探者的金钱利益与非金钱利益的合理回馈。

另有如美国国家公园与研究机构、哥斯达黎加国家生物资源库管理机构与生物公司以契约方式对利益分配进行协商的方式。总

〔1〕 参见马旭：《遗传资源获取与惠益分享国际规则研究》，2016 年吉林大学博士学位论文。

之，在遗传资源的惠益分享上，各国有多元化的实践，整体上都取得了一定的成效。

四、基于当前国内转基因育种产业发展存在问题的建议

（一）全面保护转基因育种知识产权成果

我国想要实现转基因育种的产业化，亟须完善知识产权保护体系，否则《专利法》及《专利审查指南》中对转基因作物的保护限制将导致转基因育种相关知识产权成果难以得到全面保护，严重影响转基因育种者的智力成果可带来的收益，挫伤育种者的积极性，不利于鼓励转基因育种技术的发展。

对转基因育种者的利益保障需要我国改革转基因育种知识产权保护制度。转基因育种技术的创新成果不同于传统育种，其植株本身和包含的独特的外源基因片段、不同的基因插入技术共同组成了独特的技术方案，且其优良性状多能为农业生产带来收益增长，具备专利法要求的新颖性、实用性和创造性的要求，[1] 因此应当给转基因育种技术以专利保护。我国应当修改《专利法》中禁止动物和植物被授予专利权的规定，允许经生物育种技术得到的动物与植物受到专利保护。

当然，因为通过转基因育种得到的植物具有植物全能性的特点，实施“双轨制”可能造成专利权人与植物新品种权人的权利冲突，改变当前植物新品种权保护的模式而采取专利法“单轨制”保

〔1〕 参见管荣齐、薛智胜：《从 TPP 知识产权规则审视植物新品种的可专利性》，载《知识产权》2016 年第 3 期。

护转基因育种技术又可能面对难以平衡育种者与种植者之间利益的问题，因为专利法中没有对育种者权利的专门规定。我国应当借鉴当前国际立法主流的双轨制保护模式，在专利权与植物新品种权的重叠之处作出明确规定，避免修改后产生诸多因立法重叠、模糊导致的不必要的权利纠纷。

目前，社会主流观点认为应当完善安全审查与监督规章，以促进转基因育种产业化的安全发展。笔者认为，知识产权保护的作用也应当受到社会的重视，并逐渐成为确保转基因育种安全性的重要组成部分。以知识产权保护推动转基因育种发展，不仅有利于转基因育种产业的成熟，尽快形成市场效应，打破育种者、种植者、消费者之间对转基因育种的隔阂，帮助扭转公众对转基因技术极端“妖魔化”的态度，还能促使优质、安全的转基因品种在良性市场竞争中取得优势地位，以市场导向保证其安全性。

（二）加强我国知识产权司法行政保护力度

我国应当积极完善打击转基因育种知识产权侵权的法律规定，由国家知识产权局明确植物新品种或转基因品种侵权惩戒的主体、程序。转变政策导向，增加打击侵权行为的工作内容比重，重视知识产权侵权行政裁决的使用与程序。结合《国务院关于新形势下加快知识产权强国建设的若干意见》以及《国家知识产权战略纲要》的精神，让知识产权行政保护长出“獠牙”，严厉打击种业知识产权侵权乱象，使良好种业环境真正建立，促进国内外转基因育种创新成果更多地进入我国市场并合法高效应用，促进形成良好的转基因品种交易市场。

当前的行政保护机制，应当结合国务院颁布的《2023年全国知识产权行政保护工作方案》，严格适用相关执法规范性文件办理行政裁决案件，持续优化行政保护工作，营造良好营商环境。对于侵权乱象，司法机关、检察机关要与知识产权管理机关联动合作，把握知识产权侵权现状，掌握惩罚尺度，让侵权者不敢再犯，切实保护致力于创新的转基因育种者的心血。

（三）多元化发展我国知识产权资本市场

为了解决转基因育种市场化所需资金巨大、中小企业融资难这一问题，国家应当给予研发转基因育种的企业科研补贴，同时巩固发展知识产权质押、知识产权投资基金以及知识产权保险等主要知识产权融资方式，在转基因育种产业中尝试融资方式的创新应用。当前，知识产权证券化在我国仍未发展成熟，为促进转基因育种产业化，尽快制定转基因育种相关证券化规定，允许转基因育种创新成果经确权后被市场所认可转化为资金投入到良种研发中，形成资本良性循环，是支撑转基因育种产业持续高效发展的不二选择。

目前，我国已经具备了一定的知识产权证券化的制度与环境条件。首先，相关的知识产权保护体系已基本建成，民法、刑法都完善了相关的侵权救济制度，营造了良好的法制环境。其次，截至2022年，我国累计的商标有效注册量已超4000万件，植物新品种权申请总量突破5万件。[1] 最后，我国知识产权中介机构已有相当的发展，资产证券化的经验已打下良好基础，我国对知识产权证

---

〔1〕参见《我国农业植物新品种权申请量超5万件》，载中央人民政府网站，http://www.gov.cn/xinwen/2022-03/29/content_5682138.htm。

券化政策导向的支持明显。[1]

早在2016年，我国就已经布局植物新品种权、专利等知识产权的证券化。《国家知识产权战略纲要》中明确提出：“推动企业成为知识产权创造和运用的主体。促进自主创新成果的知识产权化、商品化、产业化，引导企业采取知识产权转让、许可、质押等方式实现知识产权的市场价值。”这一政策不仅能极大地促进我国育种企业引进国外优质基因片段、先进技术和研发资金，也鼓励我国企业“走出去”，开拓国际市场，争取扩大优势。因此，基于转基因育种产业化的背景，我国当前促进转基因育种相关的知识产权证券化是可行的。

当然，要实现转基因植物证券化，也存在一定的风险，即对原始品种进行基因工程改造后的实质性派生品种在权益上难以界分，可能给植物新品种权证券市场带来不稳定因素。并且，转基因植物的新品种或专利的价值评估受地域差异影响，难以形成统一的评价标准。因此，需要在具体实践中制定较为合理高效的能通行于全国的价值评估指南，[2] 成立专门的知识产权证券化的管理机构，推动知识产权中介服务市场的完善，健全市场监管机制。

（四）促进育种者与种植者的知识产权交流

我国育种者与种植者对于转基因育种的知识产权认识差异极大，因种植者与育种者合作少，种植者的种子多为自主购买，而育

〔1〕 参见李建伟：《知识产权证券化：理论分析与应用研究》，载《知识产权》2006年第1期。

〔2〕 参见张翊：《植物新品种证券化风险问题研究》，载《农业经济》2022年第2期。

种者也缺少与种植者的交流，不能敏锐地把握市场需求。在这方面，我国可以尝试借鉴澳大利亚的经验。澳大利亚的转基因育种产业得益于研发机构与农场主土地不隔离、研发中心与农场主以种租地、种子企业与研发机构共同研发新品种的模式，种子企业、研发机构与农场主之间达成尊重知识产权的共识，对转基因作物的研发和安全性有着更客观的认识，因此转基因育种产业得以建立与发展。

（五）加快自然遗传资源的知识产权保护、转化与共享体制的建立

我国应当加强自然遗传资源的知识产权化管理。我国颁布了《人类遗传资源管理条例》《农业种质遗传资源保护与利用三年行动方案》，发掘优质种质与基因资源，建立分级制种质资源保存库，这有利于我国转基因育种产业化的发展。我国应当在当前自然遗传资源保护与发掘的现状下，加强与世界各国的遗传资源友好交流，明确遗传资源的产权归属。完善《农作物种质资源管理办法》等相关管理条例，明确管理主体与规范，并逐步填补对渔业、微生物等遗传资源的立法保护的空白。

我国应促使转基因育种机构形成良好的科研环境，探索自然遗传资源利益分配制度的内涵与模式，寻求转基因育种技术发展红利期，促进遗传资源合法开发、合理转化的途径。在推动开发的同时，我国应坚持对本国优质自然遗传资源的严格保护立法态度，防范部分不法分子妄图窃取珍贵遗传资源的野心。同时，我国要加强引进国外优质自然遗传资源，推进自然遗传资源的鉴定与识别工作，丰富资源库，将未开发的自然遗传资源转化为可用的知识产权资源，为转基因育种的原始创新突破积累资源优势。

我国农业植物新品种保护的积极作用及存在的问题与对策

李宜蒙* 徐振江**

摘 要：《国际植物新品种保护公约》旨在建立有效的植物新品种知识产权保护体系，鼓励育种创新，造福社会。为了满足科技和经济发展的需要，该公约历经三次修改，形成了 1972 年文本、1978 文本年和 1991 年文本。我国于 1999 年加入该公约 1978 年文本，经过 20 多年的发展，我国农业植物新品种保护在促进农业发展过程中发挥了积极作用：促进了一批优良品种的选育，加快了优良品种的推广使用，推动了种质资源的保护，促进了种业现代化发展，增加了农民收入，提升了国际地位。农业植物新品种保护存在保护水平低、测试支撑体系不完善、保护意识淡薄等现实问题。本文对我国农业植物新品种保护取得的成效进行了梳理，对存在的问题进行了分析并提出了解决问题的意见或建议，以期为我国农业植物新品种保护健康发展提供参考。

---

* 李宜蒙，江苏徐淮地区农业科学研究所研究实习员。

** 徐振江，农业农村部植物新品种测试（广州）分中心常务副主任，华南农业大学知识产权研究中心副主任，正高级实验师。

关键词：农业植物新品种　品种权保护　积极作用　存在的问题与对策

一、我国植物新品种保护制度建立的推动力

（一）国际方面

《与贸易有关的知识产权协定》（该协定于 1995 年 1 月 1 日生效）是世界贸易组织（WTO）管辖的一项多边贸易协定，要求缔约方以专利或者一种特殊的保护体系或者是两者的结合对植物新品种予以保护。[1] 我国要想加入 WTO，就必须要有满足保护植物新品种要求的知识产权体系。我国 1985 年《专利法》规定，植物新品种不是专利技术，不属于专利法保护的客体，不能直接作为保护对象。国际植物新品种保护联盟成立于 1961 年，是种业知识产权领域最重要的政府间国际组织，旨在建立有效的植物新品种知识产权保护体系，鼓励育种创新，造福社会。20 世纪 90 年代，该组织在西方发达国家得到了高度的认同，国际影响力不断加强；同时，其鼓励并且积极吸引发展中国家加入。我国于 1999 年加入该组织，成为它的第 39 个成员，根据当时的国情，加入了对我国有利但保护力度较 1991 年文本低的 1978 年文本。

（二）国内方面

党中央高度重视种业知识产权的发展，为植物新品种保护发展

〔1〕 参见杭三八：《植物新品种保护：长路漫漫　上下求索》，载《中国知识产权报》2019 年 1 月 30 日，第 4 版。

提供政治和资金保障，使我国植物新品种保护事业经历了从无到有、从小到大的转变。国务院1997年颁布的《植物新品种保护条例》和农业部1999年制定的《植物新品种保护条例实施细则（农业部分）》、2001年制定的《农业部植物新品种复审委员会审理规定》、2002年制定的《农业植物新品种权侵权案件处理规定》、2012年制定的《农业植物品种命名规定》等为植物新品种保护提供了制度保障。2015年修订的《种子法》中增设了“新品种保护”专章，强化了植物新品种保护制度，将植物新品种知识产权保护逐步从行政法规上升到法律。为提高保护水平，2021年修正的《种子法》扩大了植物新品种权的保护范围，扩展了保护环节，建立了实质性派生品种制度，强化了侵权损害赔偿责任等。在司法解释方面，最高人民法院于2001年发布了《关于审理植物新品种纠纷案件若干问题的解释》《关于印发全国法院知识产权审判工作会议关于审理技术合同纠纷案件若干问题的纪要的通知》，2007年发布了《关于审理侵犯植物新品种权纠纷案件具体应用法律问题的若干规定》。在最高层次的法律方面，2020年颁布的《民法典》将植物新品种保护列为知识产权重要类型。

在植物新品种测试体系建设上，国家给予了大量资金支持。〔1〕2000年，农业部《关于农业部科技发展中心加挂农业部植物新品种测试中心牌子的批复》（农人函〔2000〕24号）批准建立农业部植物新品种测试中心，按照我国主要农作物的区域分布特点，在全国设立14个测试分中心，挂靠在所在生态区农/林大学或研究机

〔1〕参见邓超等：《我国农业植物品种特异性、一致性、稳定性测试体系建设》，载《中国种业》2019年第1期。

构，测试人员和办公场所由挂靠单位提供，投入建设资金近5000万元。2015年以来，农业部通过现代种业提升工程支持了13家测试分中心的新建和第一批测试分中心的改扩建项目，资金建设投入超2.6亿元。我国的测试体系基本建立，目前已有27个测试分中心和6个专业测试站，基本覆盖了我国的10个一级农业种植区域和主要二级农业生态区。

二、我国农业植物新品种保护的积极作用

（一）促进了优良新品种选育

随着植物新品种法规制度体系和保护体系的不断健全、保护力度的不断加强，全社会尊重和保护植物新品种的知识产权意识不断提升，对违法侵权的执法力度不断加强，营造出鼓励创新和公平竞争的环境，越来越多的育种人敢于选择将新品种申请植物新品种权。截至目前，我国农业植物新品种权申请量超5万件，从2017年至2022年我国植物新品种申请量连续6年位居国际植物新品种保护联盟成员中的第一位，2022年申请量为11199件。已经授权的品种中涌现出一批优良品种，如郑单958、济麦22、C两优华占、中棉所49、中黄13等。

（二）推动了优良新品种应用

根据联合国粮农组织的资料，粮食总产增长的80%依赖单产提高，单产提高的60%—80%来源于良种贡献。[1] 我国水稻、玉米、

---

〔1〕 参见乔金亮：《我国主要粮食作物良种基本实现全覆盖》，载《经济日报》2019年12月10日，第4版。

小麦、棉花、大豆五大主要农作物70%以上的主导品种都申请了植物新品种保护，推广面积占其主导品种推广面积的80%。农作物良种覆盖率超过96%以上，自主选育品种面积占比超过95%。优良的品种为我国粮食连年丰收和重要农产品稳产保供起着关键支撑作用，进一步推动了农业的高质量发展。

（三）间接推动种质资源保护

培育的新品种如果具备新颖性、特异性、一致性和稳定性，具备适当命名，列入我国植物新品种保护名录范围内，可以授予新品种权。农作物种质资源是实现育种创新突破的关键基础，农业植物新品种保护间接推动了对全国范围内的种质资源的调查和收集，〔1〕我国目前已初步构建起由1个国家种质资源长期库、1个复份库、10个中期库和43个种质圃以及214个原生境保护区构成的农作物种质资源保护体系，全国农作物种质资源长期保存数量超过52万份，保存量总居世界第2位。

（四）推动了种业现代化发展

新品种权有偿转让催生了持续增长的市场和良好的利益空间，激发了国内种子企业育种的积极性，推动我国种企转型升级。2011年《国务院关于加快推进现代农作物种业发展的意见》（国发〔2011〕8号）首次明确了企业主体的地位，自此，企业植物新品

---

〔1〕参见吉炳轩：《关于加强种质资源保护和育种创新情况的调研报告》，载中国人大网2021年10月21日，http：//www. npc. gov. cn/npc/c30834/202110/b05ec4244ddb4fabb3eb560c5455452258d. shtml。

种权申请量连续12年超过科研机构和高校，一批具有自主知识产权、具有较强竞争力的大型骨干种子企业像隆平高科、大北农、北大荒、登海种业、丰乐种业、荃银高科、敦煌种业等极大地促进了种业的繁荣发展，我国商业化育种体系正在不断完善。

（五）增加了农民收入

我国农业植物新品种授权的一些特色优质的新品种，创造了较高的社会和经济效益。以西藏为例，青稞在西藏已有3500多年的种植历史，[1]占据了西藏粮食播种面积的80%，占西藏粮食总产量的80%以上，是保障西藏粮食安全的重要作物，是本地牧民收入的重要来源。西藏自治区农科院根据西藏生态区域和农业生产现状和实际需求，开展青稞的品种选育，自主培育的“藏青2000”“冬青18”“喜马22”等新品种在推进青稞产量的跨越式增长上作出了重要贡献，青稞总产量从2012年的65万吨增长到了2018年的80万吨，帮助种植户增加了种植收入。

（六）提升了国际地位

我国加入国际植物新品种保护联盟只有短短的20多年时间，但是参与该联盟的事务不断增多，在推进国际合作和知识产权全球治理中的影响力也在不断增强。2021年10月，中文正式和英语、法语、西班牙语、德语一样成为国际植物新品种保护联盟官方指定

---

〔1〕参见罗布次仁等：《愿做高原一粒种　化作金穗撒人间——追记我国青稞研究专家尼玛扎西》，载人民网2020年11月6日，http：//www. banyuetan. org/rw/detail/20201106/1000200033136121604627381923344469_ 1. html。

语言，这将极大地方便我国育种人参与到国际植物新品种的保护事务中去，将有助于深化我国与国际植物新品种保护联盟及其成员的交流合作。2022 年 10 月，农业农村部科技发展中心总农艺师崔野韩先生成功当选国际植物新品种保护联盟理事会主席，成为国际植物新品种保护联盟历史上首位中国籍理事会主席。

三、我国农业植物新品种保护存在的问题

经过 20 多年的发展，我国农业植物新品种保护在促进农业发展中发挥了积极作用，但是依然存在一些问题，主要体现在以下几个方面：

（一）保护水平低

我国加入的是 UPOV1978 年文本，与 1991 年文本相比较，该文本保护水平低主要表现在以下几个方面：第一，实行名录保护制度。在 1978 年文本框架下，我国《植物新品种保护条例》规定，植物新品种的保护范围以保护名录形式进行，只有通过农业农村部门审批公布的名录内的植物新品种才能申请品种权保护，从 1999 年公布第 1 批名录至今，已有 11 批名录共 191 个农业植物种属在名录范围内。[1] 我国物种资源丰富，2021 年中国科学院植物研究所建设的国家植物标本资源库门户网站正式公布了《中国植物物种名录 2021 版》，其中收录了 483 科、4253 属、37689 种和 7374 种下等级的植物。由此可见，有限制的名录保护制度远远不能满足现

---

〔1〕 参见江澄：《〈中国植物物种名录 2021 版〉发布》，载中国科学院网 2015 年 5 月 17 日，https：//www. cas. cn/yx/202105/t20210514_ 4788286. shtml。

代种业发展的要求。第二，新品种保护期限较短。在1978年文本框架下，我国一般植物的保护期限为15年，林木、果树等木本植物为20年。1991年文本规定，草本植物新品种保护期限为20年，木本植物保护期限为25年。目前，我国仍处在以杂交选育为主的时代，育种工作量大、效率低、周期长，一般培育一个新品种需要8—10年，这个过程将会耗费大量的人力、物力，越来越多的申请人希望能延长品种权保护期限。

（二）测试支撑体系不完善

第一，根据综合区划的分区原则与方法，《中国综合农业区划》将全国划分为10个一级农业区和38个二级农业区。目前，我国农业植物新品种保护体系内共有27个测试中心和6个专业测试站，其中只有8家分布在一级农业区，目前已有的分中心并没有完全覆盖全国所有的农业生态区。第二，自2017年4月1日起，按照国务院统一部署，农业农村部停征植物新品种保护权的申请费、审查费和年费，极大地刺激了育种单位申请积极性，品种权申请量激增，2022年申请量为11199件。1999年，植物新品种保护办公室最早设计了植物品种的特异性（Distinctness）、一致性（Uniformity）和稳定性（Stability）（以下简称DUS），DUS测试量为1000—1200个/年，由全国14家分中心承担。2015年后，虽然分中心又增加了13家，但是测试总量呈几何式增长，远超目前测试体系承载能力。第三，现阶段我国采用的仍然是基于植物形态学、农艺性状的田间种植鉴定的方法，这种方法通过将申请品种和近似品种种植在相同的生长条件下，来观测记录相应阶段的性状，工作效率低且受测试员主观影响大。第四，目前所有的分中心和测试站均挂靠在所在生态区农/林大学或研究机构，测试人员和办公场所由挂靠单位提供。测试人员既要承担挂靠单位的科研任务，又要承担 DUS 测试任务，工作量繁重且科研成果产出难，有经验的专业人员得不到有效保障，人员流动性大。

（三）保护意识淡薄

在全球化的知识经济时代，知识产权是创新主体参与国际竞争的基本规则和重要武器，放眼全球，发达国家大多为知识产权强国，知识产权越来越成为一个国家在国际上保持竞争力优势的关键力量。提到知识产权，公众首先会想到著作权、专利权、商标权等产权，植物新品种权往往会被忽略掉，植物新品种保护的意识相对淡薄。植物新品种保护的宣贯工作并没有形成系统性；虽然越来越多的育种人意识到植物新品种保护的重要性，但是知识产权教育需要比较长的一个过程，仍有部分育种人在意识上对品种权不够重视；部分种业从业人员对新品种保护缺乏足够的认识，甚至很多中小型种企也抱有侥幸心理，习惯于“拿来主义”。

四、我国农业植物新品种保护的发展建议

（一）提高保护水平

（1）加快开放亟须品种保护名录。可借鉴 UPOV 公约 1991 年文本，将保护属和种全部放开。但是，鉴于我国的国情种情，在短期内即使不能开放全部保护名录，也要把具有我国特色的、具有较大开发价值的、社会亟须的种质资源纳入保护名录中。

（2）延长保护期限。目前，国际上多数国家对草本植物品种的保护期限在 25 年左右，借鉴国际通行做法，结合我国国情种情，应适当延长品种权保护期限，可将木本、藤本植物的保护期限由 20 年延长到 25 年，其他植物的保护期限由 15 年延长到 20 年，既能加大保护力度，也有利于逐步与国际接轨。保护期限的延长可以增加育种者的收益，这样，他们才有积极性和财力继续投入育种研发，才会有更多更好的新品种涌现，产业发展才能步入良性循环。

（二）完善技术支撑体系

（1）新建测试分中心。在现有的分中心基础上，根据申请种类需求的轻重缓急，有计划地新建一批分中心，以避免测试品种需求的生态区域的缺失。

（2）知识产权属于市场经济调节的产物，理应由市场来决定其价值。我国政府应尽快恢复植物新品种保护权申请费、审查费和年费的收取，提高植物新品种申请的门槛，让真正具有市场应用价值的新品种进入市场，从而从根本上减少测试品种的数量。

（3）我国农业植物新品种测试可以结合中国的国情种情借鉴欧洲植物新品种测试创新项目（INnovations in Plant Varlety Testing in Europe，INVITE）的一些理念和做法。我国农业植物新品种保护办公室负责组织协调全国植物新品种特异性、一致性和稳定性的测试，开展有关植物 DUS 测试技术和 DNA 鉴定方法研究，负责测试数据的汇总、分析处理和开展相关的技术咨询与培训工作。基于这一职能，新品种保护办公室应牵头成立联合公关组，向国家争取技术研发比如分子技术、表型组学、信息技术等经费，整合全国分中心的资源和技术优势，将研究与应用结合起来，集中力量提高 DUS 测试能力。

（4）植物新品种保护办公室要与挂靠单位加强沟通，对 DUS 测试人员工作的特殊性予以肯定，DUS 测试员虽在挂靠单位属于专技岗，但其工作性质倾向于科技服务岗位。挂靠单位应为 DUS 测试人员提供完善的科研评价体系，坚持以质量、绩效、贡献为核心的评价导向，不能简单以论文数量和科研项目“论英雄”。

（三）提高保护意识

导致品种权纠纷产生的因素主要有两个：一是相关人员缺乏品种权保护观念；二是打击侵权力度不大。我国农业植物新品种保护办公室要增强普法宣传的工作力度，要充分运用各种资源和平台对农业科研单位、种子企业、农业大学及农户等进行培训、发放宣传资料，对相关从业人员进行农业植物新品种知识产权保护观念的宣传和普及，推动植物新品种保护持续深入开展，不断提升社会公众的知识产权意识，为农业植物新品种知识产权建设营造良好氛围。由于我国知识产权体系尚不完善，对植物新品种侵权和违法行为的查处力度不够，相关处罚不足以产生威慑作用。因此，要加大植物新品种司法保护力度，健全行政执法和刑事司法衔接机制，持续开展种业监管执法活动，加大重大案件查处力度，推进社会监督共治，构建种业创新发展良好环境。

专　利　权

土壤重金属修复技术专利申请态势分析

何效平[*]　刘熙东[**]

摘　要：土壤重金属修复技术是目前国内外土壤修复行业研究的热点和难点。本文以全球土壤重金属修复技术专利信息为研究对象，从专利申请国别、专利申请趋势、专利申请人、专利技术构成分析及主要专利申请人方面对土壤重金属修复技术进行对比研究。研究结果表明，土壤重金属修复技术还处在快速发展期，有很大的发展空间。化学修复技术在重金属修复各项技术中处于主导地位，磁改性技术采用新材料，可能是新的发展方向。微生物修复和联合修复技术实现了修复技术多元化，且符合环保、生态和可持续发展的理念，是将来技术发展的主要方向。

关键词：土壤重金属修复技术　专利申请　专利信息

前　言

重金属是土壤环境中来源广泛、危害性很大的一类积累性污染

* 何效平，华南农业大学图书馆讲师。

** 刘熙东，华南农业大学知识产权信息服务中心副主任。

物，不仅会使土壤肥力退化、降低作物的产量和品质，恶化水环境，还会通过食物链危及人类的生命和健康。[1] 由于工业的发展，土壤重金属污染日益严重，因此，修复被重金属污染的土壤非常迫切。污染土壤的重金属主要包括汞（Hg）、镉（Cd）、铅（Pb）、铬（Cr）和类金属砷（As）等生物毒性显著的元素，以及有一定毒性的锌（Zn）、铜（Cu）、镍（Ni）等元素。这些重金属主要来自农药、废水、污泥和大气沉降等，如汞主要来自含汞废水，镉、铅主要来自冶炼排放和汽车废气沉降，砷则被大量用作杀虫剂、杀菌剂、杀鼠剂和除草剂。土壤重金属修复技术一直是国内外土壤修复行业研究的热点和难点，目前常用的修复技术有物理修复、化学修复、植物修复、微生物修复以及联合修复。

专利作为科技创新成果的重要载体，蕴含着巨大的科学价值。据世界知识产权组织（WIPO）的统计，世界上90%—95%的发明创造能在专利文献中找到，其中70%的发明创造没有在其他文献中发表过。充分利用专利进行技术创新，可以节约40%的研发经费，缩短60%的研发时间。专利信息具有提供发明创造轨迹、揭示技术发展趋势、展现竞争态势的作用，也可以客观反映某一领域的总体发展趋势。[2] 专利分析是将专利资料转换成更为有用的专利情报的过程，是技术研究规划与知识管理的有效方法。[3] 对于已进入

---

〔1〕 CAI Q, LONG M L, ZHU M, et al., *Food Chain Transfer of Cadmium an Lead to Cattle in a Lead-zinc Smelter in Guizhou*, China. Environmental Pollution, 2009, 157 (11): 3078-3082.

〔2〕 参见郭婕婷、肖国华：《专利分析方法研究》，载《情报杂志》2008年第1期。

〔3〕 参见马天旗主编：《专利分析——方法、图表解读与情报挖掘》，知识产权出版社2015年版。

产业发展阶段的土壤重金属修复技术，采用专利分析方法可以在揭示技术发展趋势、把握产业发展方向、规避市场经营风险、提高企业创新水平等方面发挥重要的作用。

一、研究方法

本次分析选择壹专利数据库为数据源，壹专利囊括了全球 104 个国家的 1 亿多条专利数据，以周为单位进行专利数据的更新及检索。笔者在壹专利数据库中，以标题/摘要/权利要求为检索字段，以土壤（Soil）、重金属（Heavy Metal）和（Toxic Metal）作为检索词，构建检索式进行检索。对检索结果进行筛选和人工去噪后，确定数据分析对象。截至检索日期 2023 年 8 月 1 日，共检索出专利 14833 件，其中发明申请 8064 件，发明授权 4308 件，实用新型 2461 件。

二、土壤重金属修复技术专利分析

（一）专利技术来源国分析

专利申请人国别可以体现专利技术的发源地区。笔者将检索所得的 14833 件全球专利申请按照专利申请人国别进行统计，得到全球排名前十的专利申请人国别（见图 1），从图 1 中可以看出，土壤重金属修复技术专利申请主要来自中国（11640 件），占全球专利数量的 78.5%；其次是日本（1013 件）、韩国（665 件）和美国（335 件）；俄罗斯（161 件）和德国（140 件）属于第三梯队。我国的专利数量有绝对优势，一方面是因为近年来我国专利申请量大幅增长，已连续多年排名世界第一；另一方面是由于我国自 2016 年开始在土壤重金属修复行业出台了一系列相关法规和政策，推动了行业的快速发展，相关技术的研究也在突飞猛进。

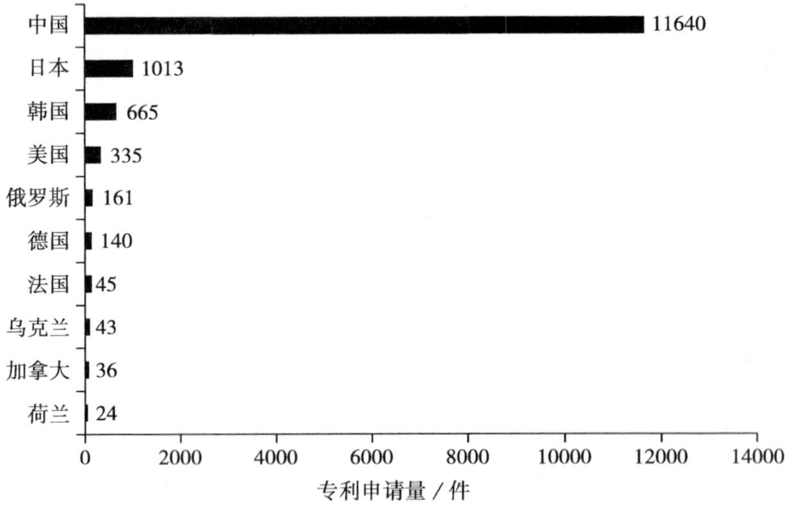

图 1　土壤重金属修复技术专利申请主要来源国

（二）专利申请趋势分析

将检索所得的 14833 件全球专利申请按照专利申请年统计，得到近 20 年（2004—2023 年）土壤重金属修复技术专利的申请趋势，见图 2。

由图 2 可知，近 20 年来，土壤重金属修复技术专利申请量总体呈上升趋势，2013 年前申请趋势呈缓慢波动增长状态，多数年份的申请量不超过 200 件，2014 年开始申请量逐年递增，2016 年增长速度最快，到 2019 年申请量达到顶峰（1592 件），随后又略有下降。2021 年至 2023 年的专利申请公开还不充分，部分专利申请数据还未被收录，因此暂不列入趋势分析的范畴。

进一步分析可以发现，近 20 年专利申请共 13423 件，占全部专利申请的 90%，其中中国专利（申请人为中国籍）11551 件，占近 20 年专利的 86%，可见中国专利的申请趋势几乎代表了土壤重金属修复技术专利的申请趋势。2016 年专利数量猛增，与我国在 2016 年 5 月发布《土壤污染防治行动计划》不无关系，这一规定拉开了土壤重金属修复行业飞跃式发展的帷幕。2019 年 1 月 1 日，《土壤污染防治法》正式实施，标志着行业更加有法可依，行业发展进入高速增长期，技术也渐趋成熟。[1] 之后 3 年由于受新冠疫情的影响，土壤重金属修复技术的研发出现略微下降的趋势，但影响并不显著。

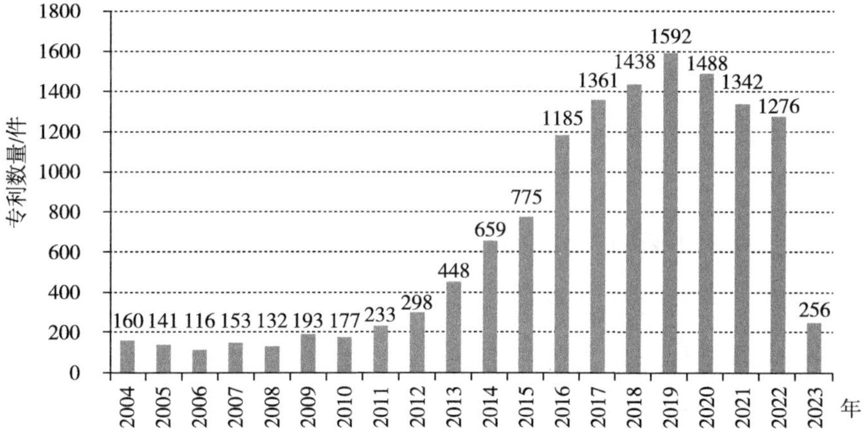

图 2　土壤重金属修复技术专利的申请趋势

---

〔1〕 参见倪依琳等：《土壤修复行业政策市场研究与“十四五”展望》，载《环境保护》2021 年第 2 期。

（三）专利申请人分析

将检索所得的 14833 件全球专利申请按照申请人进行统计，得到排名前十的专利申请人及申请量，如图 3 所示。

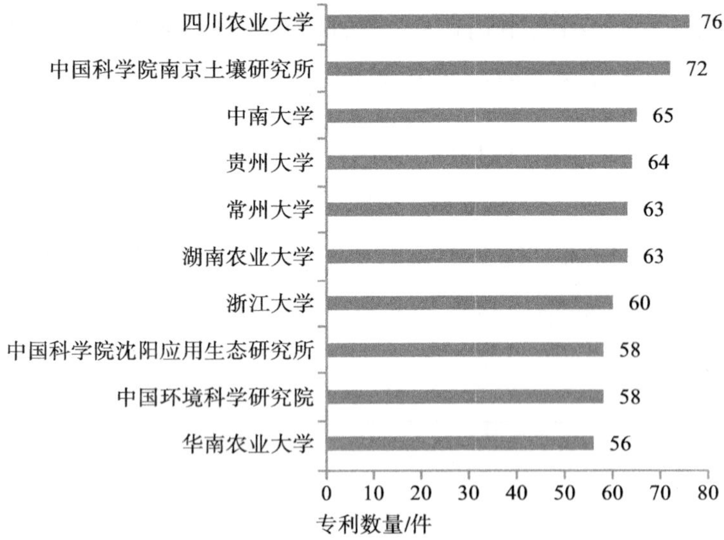

图 3　土壤重金属修复技术前十专利申请人

从图 3 可以看出，排名前十的专利申请人全部是我国的高校和科研机构，没有海外申请人，也没有国内企业，说明高校和科研机构是土壤重金属修复技术研究的主要力量，同时也可以看出许多技术还只是处于理论研究的层面，有待转化利用。

通过检索排名前十的申请人的专利法律状态，笔者发现四川农业大学虽然专利数量最多，但失效专利也最多，许多授权专利因未缴年费而失效。贵州大学、常州大学、湖南农业大学的失效专利也较多（见图 4）。说明这些专利权人更注重专利的申请，专利的转化运用工作有待提升。

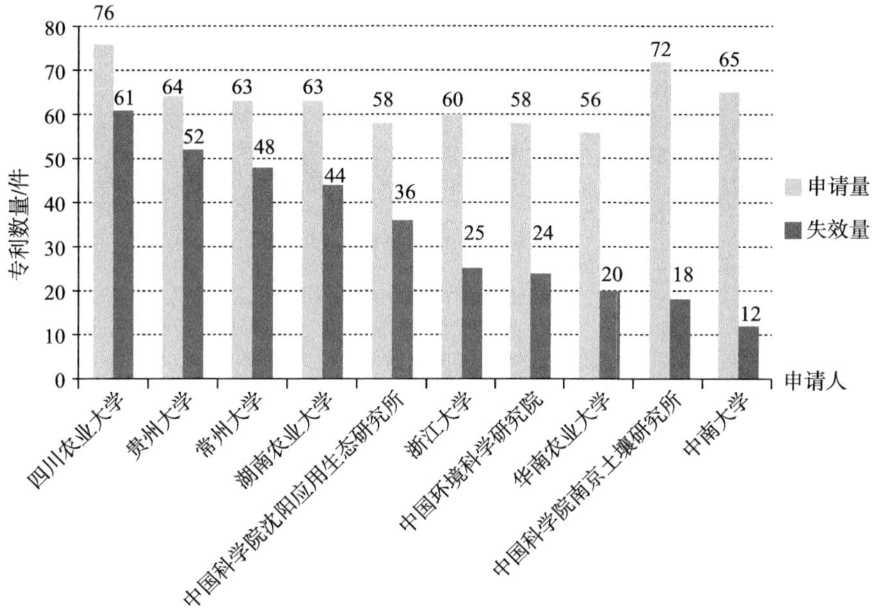

图 4　排名前十的土壤重金属修复专利申请人失效专利数量

（四）专利技术构成分析

通过对主要申请人专利技术的研读，可以看出目前主要的土壤重金属修复技术包括物理修复、化学修复、植物修复、微生物修复以及联合修复等（详见表 1）。

表 1　土壤重金属修复技术

修复技术	修复内容	
物理修复	土壤更换	部分或全部挖除污染土壤而更换非污染土壤
	客土技术	在被污染的土壤上覆盖非污染土壤
	热处理	利用热传导或辐射实现对污染土壤的修复

续表

修复技术		修复内容
化学修复	淋洗	注入和抽吸淋洗液，淋洗液和污染的土壤充分混合，土壤中的重金属通过溶解、乳化和化学作用使其渗入到淋洗液中，随淋洗液的吸出而去除
	电动修复	通过电流的作用，在电场的作用下，土壤中的重金属离子（如铅、镉、铬、锌等）以电透渗和电迁移的方式向电极运输，然后集中收集处理
	化学钝化	向重金属污染土壤中加入某一类或几类固化剂或稳定剂或改良剂，将重金属离子固定在土壤中，减少土壤中重金属的生物有效态
	磁改性	将生物炭或纳米材料等吸附材料与磁性基体复合，制成既有良好的吸附能力，又有良好的磁性能的磁性复合材料，从而通过磁分离将重金属去除
植物修复	植物提取	利用重金属超积累植物提取土壤中的重金属，并从土壤中去除
	植物固化	运用植物对重金属的排斥原理，在污染土壤上种植对重金属不吸收或吸收少的耐性植物，防止重金属的扩散
	植物挥发	植物或根际微生物将容易挥发的重金属元素吸收、分解后，将其转变为可挥发态，再溢出土壤和植物表面
微生物修复		通过微生物吸附重金属或改变根际环境，降低土壤中重金属的毒性或提高植物对重金属的吸收
联合修复	植物—微生物	在植物修复的基础上，联合与植物共生或非共生微生物，形成联合修复体
	化学—微生物	微生物修复剂和化学修复剂共同作用，以化学修复剂为载体，固定和保持微生物修复剂的活性，二者起到协同增效的作用
	化学—植物	向土壤中添加化学物质，改变土壤重金属的形态，通过提高重金属的植物可利用性来提高重金属的去除效果

1. 物理修复技术

重金属污染土壤的物理修复技术有土壤更换、客土技术、热处理等。物理方法效果好，不受土壤条件的限制，但需要大量的人力、物力和财力，且投资大、见效缓慢，还会破坏土壤结构以及土壤微生物。目前检索到的物理修复技术的专利主要有客土技术和热处理。如专利 CN103752597A 为“一种利用固定剂增效热处理土壤中重金属的方法”,〔1〕是取一定量的重金属污染土壤，在该污染的土壤中加入固定剂以及水，经马弗炉中煅烧后取出，该方法可以处理土壤中的铜和锌。近年来，还出现了一些涉及土壤的粉碎、搅拌、运输等的重金属污染修复设备的实用新型专利。

2. 化学修复技术

化学修复技术常用的方法有淋洗、电动修复、化学钝化、磁改性等。

化学淋洗技术专利侧重于淋洗系统、淋洗剂、淋洗装置等的设计、开发。专利 CN105728450A 利用纳米材料提升低分子有机酸去除土壤中的铅、锌和镉,〔2〕去除率最高分别可达 79.14%、76.69% 和 58.74%。

电动修复的专利侧重于设备或装置的设计，专利 CN107727719A 为“一种金属复合氧化物掺杂石墨烯膜修饰电极的制备方法”,〔3〕其电极修饰材料复合氧化物纳米颗粒比表面积大，表面富含的羟基

---

〔1〕高彦征、贺乾嘉、刘娟:《一种利用固定剂增效热处理土壤中重金属的方法》(2014 年 4 月 30 日)，江苏省，公开号：CN103752597A。

〔2〕张世熔、王怡君、徐小逊等:《利用纳米材料提升低分子有机酸去除土壤中铅、锌和镉的方法》(2016 年 7 月 6 日)，四川省，公开号：CN105728450A。

〔3〕梁新强、卢圆圆、刘子闻等:《一种金属复合氧化物掺杂石墨烯膜修饰电极的制备方法》(2018 年 2 月 23 日)，浙江省，公开号：CN107727719A。

可与重金属离子发生配位，吸附在其表面的石墨烯更增加了其导电性。

化学钝化技术也称作固化、稳定化技术，可以防止或降低土壤中重金属的释放，或者通过硅藻土和生物质炭对土壤中的多种重金属离子进行有效吸附和固定，减少重金属污染源在土体中的移动和扩散。化学钝化是目前土壤重金属修复技术中最常用的技术之一，该技术的专利侧重于钝化剂的制造。专利CN110157442A为“一种修复镉铜污染土壤的钝化材料及其联合农艺措施的修复方法”，[1] 钝化剂由生物质电厂灰、石灰、磷灰石和有机肥按一定质量比配制而成，在稳定/固化重金属镉、铜的同时，可促进植物生长和生物量积累。

磁改性技术是近几年在我国专利申请中出现的一种重金属修复技术。该技术通过将生物炭或纳米材料等与磁性基体复合，制成既有良好的吸附能力，又有良好的磁性能的磁性复合材料，从而通过磁分离将重金属去除。专利CN112898987A将磁性基体、黏土矿物和交联试剂按质量比为（0.5—2）∶3∶（2—3）混合，[2] 交联获得磁性复合材料，用于处理重金属污染的农田土壤，尤其是重金属镉污染的稻田土壤，该材料吸附容量大，修复效率高，操作方便且修复周期短，不破坏土壤环境。

3. 植物修复技术

植物修复技术主要利用超积累植物来固定、吸收和挥发重金属，

[1] 周静、梁家妮、张娜等：《一种修复镉铜污染土壤的钝化材料及其联合农艺措施的修复方法》（2019年8月23日），江苏省，公开号：CN110157442A。

[2] 骆永明、贠豪、李远等：《一种去除土壤中重金属的磁性复合材料及其制备和应用》（2021年6月4日），江苏省，公开号：CN112898987A。

从2006年开始一直到2010年前后，都有大量的该技术专利申请。其中，超累积植物的提取和利用螯合剂诱导超累积植物提取的专利数量最多。近年来，又出现了几种超累积植物间作的专利。与其他修复技术不同的是，植物修复技术只针对特定的修复目标元素，如镉、铅等。

4. 微生物修复技术

微生物修复是利用细菌、真菌、藻类等微生物固定、稳定或活化重金属，降低土壤污染。浙江大学在2006年就申请了专利CN1861279A,[1]在土壤中加入硫磺和接种硫氧化菌，并结合超累积植物海州香薷，对于土壤中重金属铜的提取效率大幅增加。专利CN103396963A采用WH5菌种、WH6菌种、WH7菌种、WH4菌种以及炉灰、蛭石、活性有机物料作为生物降解剂来降解土壤中的重金属镉、铜。[2]

5. 联合修复技术

目前，较为常见的联合修复技术分别为植物—微生物联合修复、化学—微生物联合修复和化学—植物联合修复，其利用两种或两种以上的修复技术，使不同的修复技术起到相互促进、协同增效的作用。专利CN115532817A采用微生物和化学联合修复方法，[3]其中微生物修复法是采用耐重金属放线菌NJ07-19和富集重金属放线菌CS-16按重量比2∶1组成微生物修复剂，化学修复法是采用壳聚

---

〔1〕 王慧、王远鹏、施积炎等：《一种重金属污染土壤的修复方法》（2006年11月15日），浙江省，公开号：CN1861279A。

〔2〕 何飚、黄恩雄、何定国等：《一种土壤重金属镉、铜生物降解剂及其制造方法》（2013年11月20日），广东省，公开号：CN103396963A。

〔3〕 杨远祥、郑钦峰、王博等：《一种果园重金属污染土壤修复治理方法》（2022年12月30日），四川省，公开号：CN115532817A。

糖、纳米四氧化三铁和干酪素按重量比 3：4：2 混合组成化学修复剂。专利 CN104174639A[1] 采用化学洗脱—植物联合修复技术修复重金属污染土壤，洗脱后土壤植物深度降解修复较为彻底，修复结束后，土壤生态环境功能多样性与稳定性得到较好恢复。

（五）主要专利申请人土壤重金属修复技术对比研究

笔者选取有代表性的 6 个申请人（四川农业大学、中南大学、中国科学院南京土壤研究所、浙江大学、中国科学院沈阳应用生态研究所以及海外有代表性的企业太平洋水泥株式会社），研读分析他们的土壤重金属修复技术专利，比较其技术点的异同，并总结出各自的优势技术，揭示技术发展趋势，作为研究参考。图 5 列出了以上申请人在重金属污染土壤修复中所使用的技术及其专利数量。

从图 5 可以看出，化学钝化技术专利数量最多，其次是超累积植物提取技术，微生物修复技术在近 10 年异军突起，淋洗技术专利数量虽然不多，但几乎每个申请人都有采用该项技术，联合修复技术属于新兴技术，申请数量最少。可见，化学修复技术在重金属修复的各项技术中占据数量优势，是当前技术主流。磁改性技术采用新材料，捕集土壤中的重金属，将其转化为具有磁性的固体物，再通过磁分离装置将固体物回收，避免固体物残留对土壤造成的二次污染，同时其具有吸附效率高、修复周期短等优点，可能是未来发展的方向。超累积植物提取技术由于针对污染物较单一，且功能植物的品种选择具有局限性，影响了技术的进一步发展，将来的发展

[1] 叶茂、孙明明、程呤文等：《多氯联苯醚和重金属复合污染土壤的化学洗脱—植物联合修复方法》（2014 年 12 月 3 日），江苏省，公开号：CN104174639A。

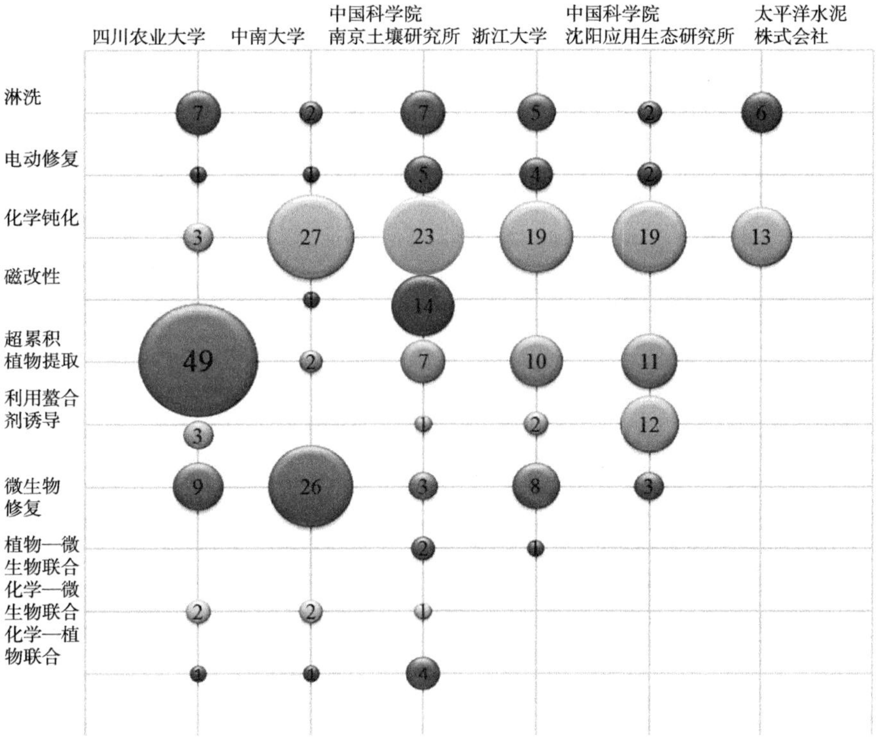

图 5　主要专利申请人土壤重金属修复技术对比

趋势是与其他修复方式联合修复。微生物修复和联合修复技术实现了修复技术多元化，且符合环保、生态和可持续发展的理念，是技术创新的主要方向。

从申请人的角度分析，四川农业大学的超累积植物提取技术最强，有 49 件相关专利；中南大学则在化学钝化技术和微生物修复方面具有优势；中国科学院南京土壤研究所的化学钝化和磁改性技术较强；中国科学院沈阳应用生态研究所则在利用螯合剂诱导植物提取方面占据优势；太平洋水泥株式会社的主要技术集中在化学淋洗和化学钝化方面，没有涉及植物和微生物修复技术领域。

（六）海外土壤重金属修复专利主要技术点分析

笔者根据壹专利的文本聚类分析功能，利用聚类分析方法对相关技术进行研究，挖掘研究热点。将海外专利去重，将其限定在近5年（2019—2023年）公开，得到512项专利技术，将这些专利按照文本聚类法，得到近5年海外土壤重金属修复专利技术点聚类图（见图6）。

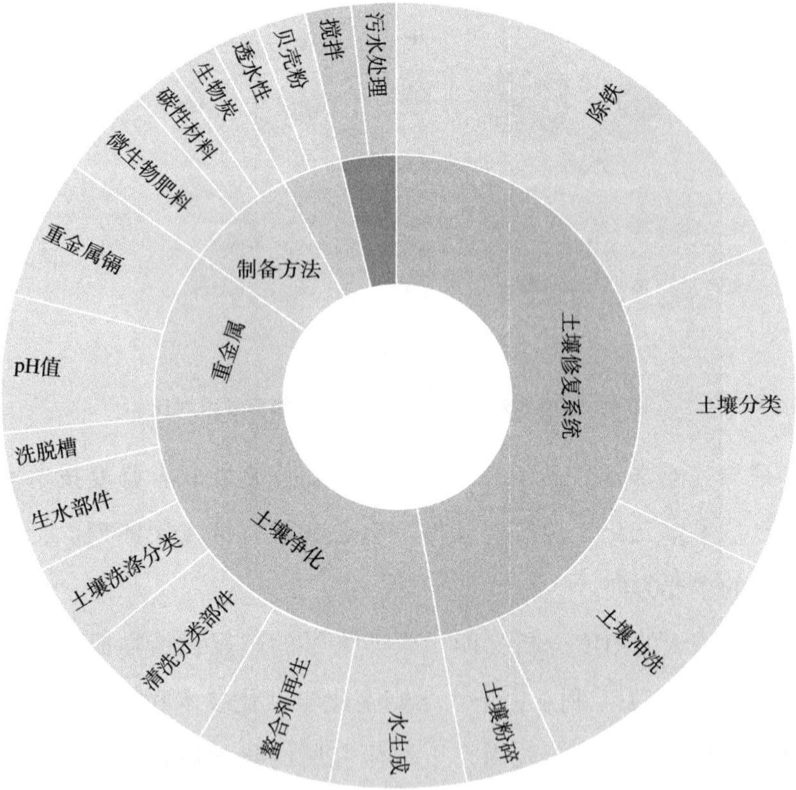

图6　近5年海外土壤重金属修复专利技术点聚类

从图6可以看出，近5年海外土壤重金属修复文本聚类主要有

“除铁”“土壤冲洗”“螯合剂再生”“重金属镉”“微生物肥料”“磁性材料”“生物炭”等。通过对相关专利的研读，笔者发现“除铁”的主要方式是通过磁力吸附进行磁分离。从以上聚类可以得出，近年海外土壤重金属修复的主要对象是铁和镉，主要技术是化学修复和微生物修复，其中化学修复包括土壤淋洗、化学钝化、磁改性等技术。

为了进一步了解海外土壤重金属修复技术的发展沿革，笔者选取公开年为2009—2018年共10年的专利，将检索到的专利去重，得到图7所示的专利技术点聚类图。

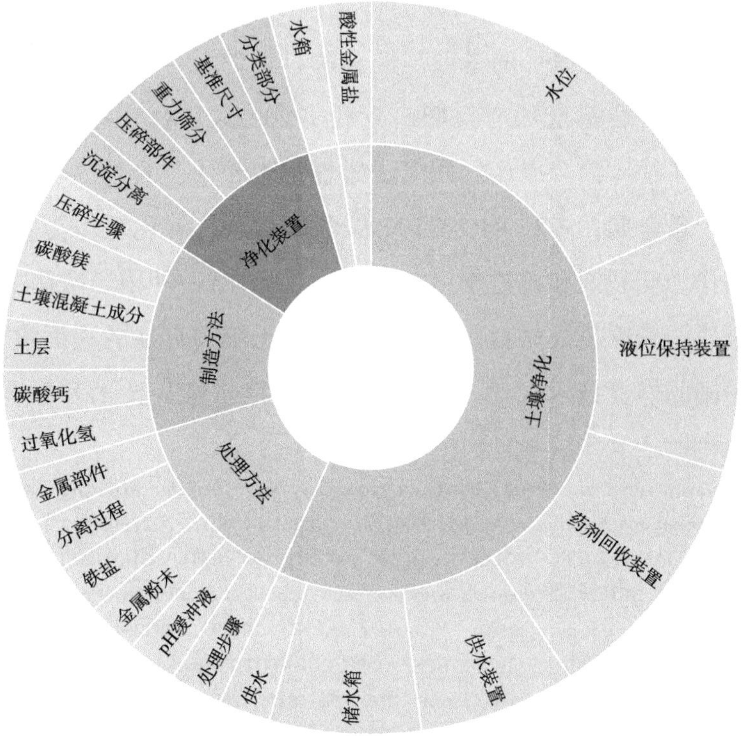

图7　2009—2018年海外土壤重金属修复专利技术点聚类

从图 7 可以看出，2009—2018 年海外土壤重金属修复文本聚类主要有“水位”“液位保持装置”“供水装置”“pH 缓冲液”“碳酸钙”“碳酸镁”“酸性金属盐”等。通过对相应技术点的专利研读，笔者发现 2009—2018 年土壤重金属修复技术主要是化学修复，包括土壤淋洗、化学钝化等。

对比图 6 和图 7，笔者发现海外土壤重金属修复技术 5 年前主要是化学修复，近 5 年微生物修复技术和磁改性技术逐渐增多。如专利 AU2021101642A 将优势发酵菌株（包括枯草芽孢杆菌、巨大芽孢杆菌、黏液芽孢杆菌和米曲霉）与被污染土壤和米糠混合，[1] 制成有机肥料，可以减少重金属镉的含量；专利 NL2029489A 将碱性有机废弃物和 10%—20%的米糠与混合酵母均匀混合，[2] 发酵得到重金属镉含量符合标准的有机肥；专利 JP2022501181A 将磁性纳米粒子与阳离子物质混合以产生阳离子磁性纳米粒子复合物，[3] 吸附去除土壤中重金属；专利 KR20210099281A 通过将氧化铁作为吸附剂、壳聚糖作为交联剂和石粉作为载体，[4] 制造出一种用于吸附类金属和重金属的磁珠复合材料，用于去除水或土壤中存在的表面重金属。但与中国的修复技术相比，近几年海外在植物修复技术和联合修复

---

〔1〕 Tan，Hongwei，Wang，et al.，*Organic Fertilizer Used for Reducing Heavy Metal Cadmium Content and Preparation Method Thereof*：AU2021101642A，2021-05-20.

〔2〕 YITIAN BIOTECHNOLOGY HONG KONG CO LTD；GUANGXI ACADEMY AGRICULTURAL SCIENCES Preparation method and application of alkaline organic fertilizer for reducing cadmium content in sugarcane：Netherlandish，NL2029489A，2023-05-16.

〔3〕 KOREA ATOMIC ENERGY RESEARCH INSTITUTE Separation of fine particles in soil using cationic magnetic nanoparticles：Japan，JP2022501181A，2022-01-06.

〔4〕 KYUNGPOOK NAT UNIV IND ACADEMIC COOP FOUND Magnetic bead composite for metalloid and heavy metal adsorption and its preparing method：Korea，KR20210099281A，2021-8-12.

技术方面专利数量较少。

三、结论

通过对土壤重金属修复技术专利申请国、专利申请趋势、专利申请人、专利技术构成分析及主要专利申请人土壤重金属修复技术的对比研究，笔者得出以下结论：

（1）我国是最主要的技术来源国，申请专利数量占到全球专利申请量的78%，日本、韩国和美国也有一定数量的专利申请，上述国家该领域的研发实力也不弱。我国的专利数量占绝对主导地位，与我国总体专利数量连续多年排名世界第一以及近年来土壤重金属修复行业出台了一系列相关政策和法规推动了行业的快速发展有关。

（2）近20年土壤重金属修复技术专利申请量总体呈上升趋势，2013年前申请趋势呈缓慢波动状态，2014年开始申请量逐年递增，尤其是2016年增长趋势迅猛，到2019年申请量达到顶峰。当前，土壤重金属修复技术领域处在高速上升期，还有很大的发展空间和技术突破空间。

（3）全球排名前十的专利申请人全部是我国的高校和科研机构，没有海外申请人，也没有国内企业，说明高校和科研机构是土壤重金属修复技术研究的主要力量，同时也可以看出许多技术还只是处于理论研究的层面，没有真正被转化利用。

（4）从专利技术构成分析以及主要专利申请人土壤重金属修复技术对比研究来看，化学修复技术在重金属修复各项技术中处于主导地位，在将来的技术发展中仍会占有一席之地，其中磁改性技术采用新材料，也可能是新的发展方向。超累积植物修复技术发展受限。微生物修复和联合修复技术实现了修复技术多元化，且符合环保、生态和可持续发展的理念，是将来技术发展的主要方向。

（5）从近 5 年海外专利技术点聚类图来看，近年海外土壤重金属修复的主要对象是铁和镉，主要技术是化学修复和微生物修复，其中化学修复包括土壤淋洗、化学钝化、磁改性等技术。与中国相比，近几年海外在植物修复技术和联合修复技术方面的专利数量较少。

农业知识产权评论

著 作 权

农业土地整治空间坐标的知识产权问题

——以四川省为例

冼炜轩* 王青伟** 曾淇靖***

摘　要： 本文以四川省农业土地整治中空间坐标系转换问题为例，采用案例论述、法条整理等方法，分析了相关法条缺陷，并探讨了这些缺陷对空间坐标数据共享的阻碍以及可能的实际规避策略。研究表明：其一，在对坐标系统问题执法不严的情况下，四川省农用地整治项目及其后续空间规划坐标系统问题和数据使用问题屡有发生；其二，此类坐标系统问题中，最主要的限制因素为《民法典》及《著作权法》等法律对地理标记和地理参数的规定不完善；其三，本文针对坐标系统问题与对应法条存在的不足，分别从法律和商业两个角度，提出补救措施，以期为后续坐标系统问题的解决和中国知识产权法律体系的完善，提供理论基础和商业路径参考。

关键词： 坐标系统　民法典　著作权法　限制因素

* 冼炜轩，华南农业大学资源环境学院博士研究生。

** 王青伟，华南农业大学资源环境学院硕士研究生。

*** 曾淇靖，华南农业大学资源环境学院本科生。

引 言

随着我国科学技术水平的不断提升，为了满足日益繁杂的工作需求，人工智能技术正以其高效逐步解放了人类的双手。然而，空间信息技术的推广和其在人工智能技术的普及，对人类知识产权体系和创新思维的完善，带来了较大的挑战。因此，采取行之有效的应对措施，是推动人工智能进一步发展、协调知识产权保护与创新思维形成的关键。在农学空间格局分析方面，作为地图空间分析基础的空间坐标系，正面临着知识产权法律体系与多学科结合的技术应用困境。其中，本文的空间坐标系为一种将地球表面上的经纬度坐标投影到平面上的坐标系统，主要包含了国际上常用的世界大地测量系统（WGS84）和中国常用的国家大地基准坐标系统（CGCS2000）等空间坐标系。〔1〕中国知识产权法律体系主要包括但不限于《民法典》和《著作权法》等法律中关于促进权利人或其他主体对知识产权的创造、运用、推广和保障合法权益的综合性法律执行框架。〔2〕对此，本文结合实际的四川省农用地整治案例，探讨现有法律体系中的法条缺陷，部分科研部门或研究者利用现有法律体系中权利人保护解析度不足的法条缺陷，进而不提供有效的空间坐标系转换参数现象的形成缘由。此外，本文还从案例中空间坐标问题的解决措施出发，明晰其对完善和推广中国知识产

〔1〕刘晶、金晓斌、徐伟义等：《江苏省耕地细碎化评价与土地整治分区研究》，载《地理科学》2019年第5期。

〔2〕刘士国：《论客体对数据基本产权和分类确权的决定作用》，载《政法论丛》2024年第1期。

权法的重要性，从而为中国知识产权法律体系的改良提供法条及商业路径的研究参考。

一、案例概况

（一）坐标系统问题与案例分析思路

党的十八大以来，党中央为了稳步推进生态文明体制改革和统筹区域发展，正从资源环境承载潜力和国土空间开发适宜性等方面，科学有序地布局生态、农业和城镇等功能空间，特别是自2017年开展第三次全国土地调查和自然资源部颁布《省级国土空间规划编制指南（试行）》以来，我国逐渐形成了以“一张图”工程为代表的“多规合一”国土空间规划战略体系，为保障国家粮食安全、统筹城乡发展等战略思路的落实提供了很好的抓手和平台。此外，农用地整治时空演变规律的研究，可以作为统筹区域发展、实现乡村振兴的重要保障。然而，其现阶段难以通过统一坐标系，为“一张图”工程建立其所需的数据库，极大地影响了区域发展中土地整治空间布局和空间决策等研究工作的开展。

目前，国内外学者对土地整治的区域差异展开深入研究，从现有国内研究来说，农用地整治规划作为统筹全域全要素的国土空间规划的重要一环，规划目标正逐步落实到对农村“田、水、路、林、村”进行综合整治此类国家战略当中，不仅是统筹城乡发展、维护乡村景观文化等的重要平台和抓手，也是解决“三农”问题的有效途径；而国外土地整治的概念，因其自身发展情况，主要从农业多功能和土地利用等研究角度出发，通过与生态修复、区域规划等新概念的融合，在20世纪80年代后逐步形成了西方农业、乡村转型发展的新范式理论。[1] 在研究尺度和研究方向上，伴随中国稳步推进城镇化、现代化进程，现有土地整治项目研究，依托乡村振兴战略和生态修复目标，已从全国、省级全域（省级、市级、县级）空间分异特征[2]、对策建议逐步发展为省级流域内农用地、空心村土地整治项目的空间格局与投资规模的分析。在研究方法上，虽然总体上国内现已通过重心与标准椭圆差模型、探索性空间格局法和一致性分析方法，开展了部分省市级的城市低效用地和农用地整治现状、潜力研究，但县域、村域尺度农用地整治的相关研究，特别是基于不同时期土地利用类型的一致性情况，明晰农用地整治时空分异规律，并划分其发展阶段的研究较少，且仍未开展针对“山地—盆地”下流域尺度的农用地整治时空分异规律和发展阶段的分析。因而，在实际研究中尚未建立统一坐标系统数据库，进而造成了坐标系统方面的法律缺陷和具体执法过程中的混乱现象。

此外，鉴于国内对中西部地区流域范围土地整治项目横向、纵向分布规律研究较少，第十一届中国共产党四川省常务委员会、四川省人民政府于 2018 年 12 月，开创性地提出了“一干多支、五区协同”“四向拓展、全域开放”的省级国土空间规划的战略部署，通过编制市（州）县国土空间规划、片区国土空间规划，根据区域差异，合理安排项目资金投入，促进区域协调发展，把握其在区域内的时空演变规律。基于此，本文案例主要依托四川省 2016—2020

---

〔1〕 范垚、杨庆媛、马寅华等：《重庆市农用地整治项目时空分异特征研究》，载《长江流域资源与环境》2016 年第 9 期。

〔2〕 Van Huylenbroeck G, Durand G. Multifunctional agricul－ture: A new paradigm for European agriculture and ruraldevelopment, Aldershot, UK: Ashgate, 2003.

年各流域农用地整治入库项目台账数据，开展了以下研究：(1) 基于 ArcGIS 10.5 软件 X、Y 坐标的显示功能，明晰 185 个区县的空间分布；(2) 依托 ArcGIS 10.5 软件标准椭圆差模型（Standard Deviation Ellipse）功能，计算其重心移动轨迹和时空分布区位；(3) 引入重心模型理论和空间距离计算公式，计算流域内项目数量与规模间的空间分布规律；(4) 对比上述时空分异特征，并依托封志明等人“一致性系数”的分析结果，划分四川省农用地整治项目的发展阶段，以期从理论、现实层面为全域土地整治和农业面源的空间格局和发展趋势研究提供参考。

（二）案例区域概况

四川省（具体参考重庆地区气候条件和四川省生态修复流域工程[1]）位于我国西南腹地，与云南省、重庆市等 7 省（自治区、直辖市）接壤，该省共辖 18 个地级市、3 个自治州、185 个区县，为我国第五大省级行政区。在地质地貌方面，位于我国陆地地势的第一、二级阶梯的过渡带，地质地貌类型复杂多变。在河流资源方面，省内河流交错纵横，水能资源丰富，是长江、黄河重要的水源补给区，也是金沙江和岷江等 8 个长江支流的主要流经区。在生态景观方面，省内生物资源丰富，拥有独特且丰富的生态景观资源，保存有许多珍稀、古老的动植物种类，国家野生保护动物资源全国第一，植物资源全国第二，是中国及世界重要的生物基因宝库、大熊猫栖息地。在土壤质量方面，具备国内独特且富含碳酸钙的紫红

---

〔1〕 宋荣、胡业翠：《中国城市土地整治综合潜力分区与提升路径》，载《地球信息科学学报》2020 年第 7 期。

色土壤。在矿产资源方面，省内天然气、钒等 14 种资源储量均居于全国首位。在土地类型方面，省内土地类型丰富，所有类型的土地面积共为 48.61 平方千米，其中，农用地面积占比最大，占全省用地面积的 90.1%，农用地面积中耕地面积更是稳居全国前列。省内建设用地面积和未利用地面积占比较少，仅分别占全省用地面积的 6.5% 和 3.4%。基于省内独特的地域特征和生态保护红线的政策，针对下述坐标系统方面知识产权执法的难题，四川省迫切需要一个具备统一坐标系统且涵盖地质地貌、生态景观和土地利用类型等要素的国土空间规划数据库，助力其 2020—2035 年社会经济的发展。

二、坐标系统问题与具体法条缺陷

在实际分析过程中，本案例主要依托四川省国土规划院提供的 2016—2020 年县级农用地整治入库项目台账和全国第二次土地调查、全国第三次土地调查等相关数据，分别形成了涵盖流域农用地整治项目和土地利用类型的两个数据库；其中，流域农用地整治项目数据库根据研究需要，主要借助 ArcGIS 10.5 软件和 ENVI 软件的设置原始坐标参数功能，即把四川省 22 个流域的农用地整治项目平均数量、规模，按 CGCS2000 的 3 度分带中 35 度带坐标系统进行投影坐标转换后，分别统计形成分流域的流域农用地整治项目总体数量、规模和流域农用地整治中农用地整理、复垦和开发三大模块的数量、规模的数据集；土地利用类型数据库是根据四川省 22 个流域的农用地整治项目范围展开分析的，借助 ArcGIS 10.5 软件，按 CGCS2000 的 3 度分带中 35 度带坐标系统进行投影坐标转换后，分流域统计形成的全国第二次土地调查、全国第三次土地调查的流域农用地利用类型数据集。

（一）空间数据使用受限的商业案例

上述相关数据在转换坐标系统过程中碰到坐标系难以转换与调整的难题。四川省当地数据保密政策要求四川省国土规划院委托的第三方公司设置一个 SC-2000 的地方坐标系统。因而，后续研究难以从四川省国土规划院获取该坐标系统的转换参数，并利用相关空间分析软件（如 ENVI 5.3、ArcGIS 10.5 等常用空间分析软件），修改该坐标系统下的空间数据为国家标准的 CGCS2000 坐标系统或者国际通用标准的 WGS84 坐标系统下可变且常用的空间数据，使后续研究工作中各空间数据间形成拓扑嵌套，极大地影响了对应空间分析数据的可用性。在该案例中，流域农用地整治项目中农用地整治项目数量、规模和投资额数据，难以与土地利用类型数据库中的土地利用数据坐标嵌套，极大地影响了后续空间规划与“一致性系数”工作的开展。

（二）案例中坐标系统问题的法律分析

《著作权法》第 24、25 条规定，在特定情况下使用作品，可以不经著作权人许可，不向其支付报酬，但应当指明作者姓名、作品名称，并且不得侵犯著作权人依照该法享有的其他权利。然而，相关研究机构、规划院所和研究者使用公开的土地项目或作品的实际地理坐标转换参数是否属于“特定情况”，尚无定论。加之著作权人往往未在合同中明确许可问题，未经著作权人许可的使用可引发涉农商业秘密、不正当竞争情况的出现。商业机构可以利用已有的专利权、著作权的保护权限，设立不可公开且难以转换的坐标参数，从而限制市场经济下其他公司和研究机构通过法律渠道获取相应空间数据和转换参数，在一定程度上提高了自身的不对称竞争优势。这种做法阻碍了后续研究团队或研究机构工作的开展，进而给市场经济中的其他参与科研者带来了研究上的不利影响。

此外，《民法典》第 123 条也明确规定了民事主体依法享有知识产权。知识产权是权利人依法就下列客体享有的专有的权利：（1）作品；（2）发明、实用新型、外观设计；（3）商标；（4）地理标志；（5）商业秘密；（6）集成电路布图设计；（7）植物新品种；（8）法律规定的其他客体。地理坐标系统作为地理标志或地理标志重要参数，若实际农业规划产品和项目不明确标明或公开坐标参数，一方面，会给予不法分子钻“法律漏洞”的机会，极大地危害相关知识产权人、著作权人和专利权人的权利；另一方面，也会对后续农业规划产品和项目数据的推广和大范围使用带来重大的研究阻碍。

三、限制因素补救措施和经营路径

（一）坐标系统问题的补救措施

1. 机构协商与数据调节

针对上述四川省国土规划院设置的数据获取限制问题，笔者认为相关研究单位获取数据前，可在与相关机构签订保密协议后，再签订一份数据问题保障协议或一年期的数据支持及数据保障合同，保障上述空间数据得到合理、准确且有效的校准或转换方法。

2. 政府出台相关法律

针对《民法典》第 123 条，《刑法》第 217 条和《著作权法》第 24、25 条，笔者认为政府应进一步修订现有的法律条文之间存在的冲突，为该问题的进一步解决或改善，提供法律上的保障与基础。

（二）商业经营路径

基于上述两大解决措施，笔者查阅相关文献[1]后，通过与机构协商，利用自身空间坐标推理法，结合 ENVI 5.3 软件的“自定义坐标系”功能，部分性地以统一坐标系统的方式解决了农用地整治空间分析问题，探寻了四川省土地整治项目与土地类型的分布规律，并以四川省为案例，基于经济—环境—空间维度，分别对其农用地整治研究提出多个解决坐标系统中知识产权问题的解决措施，具体措施如下。

1. 优化建立技术集约体系和平台

知识产权价值链在信息点收集环节需要优化技术集约体系，建立起一体化的集约平台。具体来说，即通过区块链或者数据库框架，建立一个面向市场且能公开下载的数据网络平台，且该平台上数据坐标必须公开且统一。

在本案例中，后续研究者通过统一数据，先后建立起流域农用地整治项目数据库和农用地利用类型数据集。通过多方协商，以签

〔1〕 参见陈燕、孙全亮：《知识产权对产业安全的影响及作用路径研究》，载《知识产权》2022 年第 3 期；万骁乐、王坤燕、张坤珵：《考虑不同权力结构的供应链知识产权质押融资决策研究》，载知网空间，https：//doi. org/10. 16381/j. cnki. issn1003-207x. 2022. 1653。

订知识产权数据保密协议和逐一公开数据库的方式，在广州市华南自然资源研究院内挂网，为后续的研究者提供数据研究方便。

2. 强化营销渠道

对于中国知识产权产品化而言，亟待建立起一体化、清晰化的营销渠道。具体来说，针对上述法律中相互冲突的法律条文，应通过与其他政府职能部门的协商，具象化坐标问题和空间决策上的解决方案。

本案例中，针对四川省经济发展与生态修复的需求，省内现有的重大基础设施和公共服务工程均难以满足这一需求，特别是尚未形成直达京津冀、长三角和粤港澳大湾区的交通运输网络。对此，研究者通过与四川省自然资源厅、发展改革委、农业农村厅和生态环境厅的磋商，依托农用地整治项目规模分析结果，在完善现有的农用地整治、生态修复治理等项目基础上，通过逐步开发已盘活的闲置用地和完善交通网线等方式，以拓展西部生态建设、川东北经济区和川南经济区内农田整治工程的建设规模，补齐城乡公共服务设施发展短板为代价，与四大职能部门达成了协议，使该项目在四大职能部门的数据平台上使用了统一的坐标系统，进而部分性地解决了因坐标系统不统一导致的后续研究乏力问题，强化了此类产品的营销渠道。

3. 加强市场监管

中国知识产权的市场化服务环节需要加大监管力度，本案例中，坐标系统的知识产权存在为防止他人盗用而形成的专利利润化和后续研究者利用成果易受产权限制等问题，其症结都在于市场环节中监管的“松紧”难题。

本案例中，项目针对规划类产业、帮扶政府决策类企业和空间信息分析产业对坐标系统的要求，将地学分析所需坐标系统统一地定义为 WGS84 和 CGCS2000 公开的坐标系，为自 2016 年以来四川省内因不统一的坐标系统导致的各类空间要素尤其是土地要素尚未实现高效动态配置，特别是其区域内用地供需不平衡的难题提供了解决方案。随后，本案例更是依托政府与社会大众对知识产权的重视意识，通过推行易转换的坐标系统，分析了四川省农用地项目的发展阶段。四川省可在此基础上，加大了对成都平原、川西北生态示范经济区的复垦模块和川东北经济区的整理模块的投入力度，通过差异化发展方式，优化省内现有的空间发展模式和空间体系，为改善城镇风貌混杂、千城一面难题提供参考。具体成果如下：

（1）后续研究项目通过改善中低产田、盘活闲置农用地等方法，在增加两大经济区高产、稳产优质耕地面积的同时，实现了其自然风景和农特产品等生态资源经济价值的转化。

（2）统一的坐标体系可集中省内优势资源（如成都市区和中心城市的经济和社会的发展潜力），在短期内提高四川东北和成都平原经济区的农用地整治工程空间组织效率，加速推进上述经济区各大流域相关产业一体化的发展进程。

后　记

农业知识产权又称涉农知识产权，是指自然人、法人、非法人组织对其在广义农业领域创造的智力成果依法享有的专有权利，涵盖植物新品种、地理标志以及涉农的发明、实用新型、外观设计、作品、商标、商业秘密等多种客体。

作为农业大国，20世纪末以来，我国在农业知识产权方面的意识有了明显增强，不论是立法机关、法院系统、行政部门，还是权利主体、服务机构等，都愈加积极地投身农业知识产权事业。中共中央、国务院印发的《知识产权强国建设纲要（2021—2035年）》指出，党的十八大以来，我国知识产权事业发展取得显著成效，知识产权法规制度体系逐步完善，核心专利、知名品牌、精品版权、优良植物新品种、优质地理标志、高水平集成电路布图设计等高价值知识产权拥有量大幅增加，商业秘密保护不断加强，遗传资源、传统知识和民间文艺的利用水平稳步提升。近年来，我国农业知识产权板块更是热点不断，新的规则与案例不断涌现，相关研究亟须得到系统化、持续性加强。

为进一步提升我国农业知识产权研究水平、使用效益和国际影响力，促进全社会农业知识产权意识的提高，壮大农业知识产权优势市场主体，华南农业大学知识产权研究中心组织编辑的农业知识产权学术连续出版物的第一辑即将付梓面世，填补领域空白。在本辑中，针对农业知识产权的基本属性认知模糊问题，强调并更加体系化地呈现农业知识产权的民事基本属性，为日后各类农业知识产权的统一协调提供支撑；针对重数量、轻质量，重申请、轻保护的农业知识产权现状，更加强调对农业知识产权的保护问题；针对科研人员、生产者、销售者、消费者等的农业知识产权知识和技能匮乏现象（待提高的研究水平本身可能也是该问题的一种反映），强调对农业知识产权知识的宣讲和普及。

借此机会，首先对该连续出版物的主办单位华南农业大学人文与法学学院表示感谢。不仅感谢学院历任领导对知识产权研究中心工作的关心支持，也感谢学院师生的积极参与。除编辑外，来自2021级法学本科班的何悦嘉、张子珮、徐嘉珮等同学积极完成了部分稿件的初校工作。

其次，感谢该连续出版物的襄助单位广东诺品律师事务所。该所基于二十余年的知识产权实践经验，率先建立了适合中国法律法规及种植、生产和商贸状况的农业知识产权管理体系，所办案件入选农业农村部年度十大典型案例等，共同助力中国农业知识产权良性发展。[1]

最后，感谢各位作者接受邀约或主动投稿，感谢各位同仁的悉心指导。

---

〔1〕 其在代理的水稻维权案中，推动行政查处处罚37万元，被农业农村部纳入“2023年农业植物新品种保护十大典型案例”发布；在代理的玉米品种权维权案中，单个侵权案件协商和解获得270万元赔偿；在代理的棕科“四季茶花”品种权管理与维权案件中，通过系统的授权许可体系搭建和管理，在逐步规范侵权市场并收回授权许可费方面，影响力大；在代理的“蝴蝶兰”花卉维权案件中，取得首个花卉蝴蝶兰品种权维权案的胜诉。

由于能力有限，不足之处敬请谅解、指正。我们将正视研究差距，争取早日迎头赶上。

华南农业大学知识产权研究中心主任

刘雪梅

2024年8月

稿　约

《农业知识产权评论》（以下简称《评论》）是由华南农业大学人文与法学学院主办，华南农业大学知识产权研究中心组织编辑的农业知识产权学术连续出版物。

《评论》面向全国的科研院所师生和实务从业人员征稿，匿名评审。

来稿字数需在6000字以上，稿件内容包括但不限于植物新品种，地理标志，涉农专利权、商标权、著作权、商业秘密、反不正当竞争，涉外农业知识产权，农业知识产权推广应用等农业知识产权问题。稿件形式包括但不限于论文、研究报告、案例评析、译稿、书评、学位论文精要。稿件请注明作者身份和联系方式。译稿需同时邮寄原文稿，并附作者或出版者的翻译书面授权许可。《评论》提倡文章独立署名，谢绝一稿多投，一经发现将不予录用，并保留追回相关费用的权利。

《评论》欢迎中国知网等对所刊文章的数字发布、转载、摘登和翻译，但应尊重原作者依照《著作权法》享有的权利，并在实施转载时注明"《农业知识产权评论》第×期"和原作者、译校者署名，同时书面通知《评论》编辑委员会。

《评论》只接受邮箱投稿，邮箱地址为：aiprev@163.com，邮件主题为“作者+文章名”。

任何来稿视为作者、译者已经阅读或知悉并同意本声明。